部下を持ったら必ず読む

「任せ方」の教科書

「プレーイング・マネージャー」
になってはいけない

出口治明

角川書店

はじめに

私はいまも、それから前職の日本生命時代も、部下から、

「出口さんは、アホですね」

としばしば呆れられています（笑）。

私は、ライフネット生命の代表取締役会長兼CEOです。言ってみれば、"組織のトップ"です。

ですが私の部下は、トップに気を遣いません。

20代、30代の若手社員が、60代のCEOに向かって、

「出口さん、間違っています」

「出口さん、さっきの言い方は何ですか？」

……と、遠慮なく言ってきます。

なぜ私は、部下に「アホと言わせておく」のでしょう？

ライフネット生命に関するウェブ・コミュニケーションやPR、宣伝戦略などについて、私は一切口を挟みません。

「お笑い芸人スギちゃんの『ワイルドだぜぇ』の真似をしてください」と言われ、その通りにしたこともあります。

なぜ私は「部下の言う通りにする」のでしょう？

その理由は、

「性別も年齢も国籍も、垣根を取り払うことが大事」
「多様な人材に任せることでしか、会社は成長しない」

と確信しているからです。

高い地位についた人間が、部下の意見を受け入れない「裸の王様」になれば、組織のなかは同質化します。そして同質化した組織は、やがて、時代の変化に取り残されてしまうでしょう。

また、卑下するわけではなく、事実として「出口治明は、"ちょぽちょぽ"(関西弁で"みんないっしょ"の意)の人間である」と自覚しているからです。

私は「人間ちょぽちょぽ主義者」です。

要するに、「人間の能力は、それほど高くはない」「人間には、とくに賢い人も、とくにアホな人もいない。ちょぽちょぽである」と考えています。

人は神様になれない以上、多少の優劣や凹凸はあっても、大差はありません。社長も、部長も、一般社員も、同じように"ちょぽちょぽ"。優秀な人でも、10勝0敗はありえません。

「ちょぽちょぽの自分」にできることは限られています。

何事かを成し遂げようと思っても、一人では何もできない。ビジネスを成長させるためには、他人の力を借りなければならない。人の能力も、時間も有限で、すべてを持ち合わせている人はいません。

だからこそ、任せる。だからこそ、補い合えるチームづくりが必要です。

5　はじめに

私は、講演先などで、たびたび、次のような質問をいただきます。
「出口さんは、典型的な大企業に在籍していたのに……、60歳を超えているのに……、ずいぶん柔軟ですよね。どうしてですか？」
なぜなら**「どんな部下も信頼して、仕事を任せる」**ことこそ、リーダー（上司、マネージャー）の要諦だからです。私はそのことを、「人・本・旅」から学びました（後述）。
「マネジメント」とは、突き詰めると「人を使うこと」です。いま、どの方向に風が吹いているか、社会がどの方向に変化しているかを見極め、変化に適した人材に「任せる」ことが、マネジメントの本質です。
では、どうやって人を使えばいいのでしょう？
どうやって人に任せればいいのでしょう？
その答えの一つが本書です。
「人をどのように使い」「どのように任せて」「どのように組み合わせて」いけば、強いチームができ上がるのか──この重要な問題を考えるヒントとして読んでいただけると幸いです。

出口治明

目

次

◎はじめに 3

1章 上司になったら「任せるしくみ」をつくりなさい

いい上司への一歩――
マネジメント能力の限度を知る 18

100人分の成果を上げるために
100人に仕事を任せる 24

任せるしくみが
「強い会社」「強い部署」をつくる 28

「みんなで話し合って決める」は
なぜ悪いのか？ 34

権限をハッキリさせるだけで
仕事のスピードが上がる 38

「課長の決定に、
部長は口を出してはいけない」 44

これからの時代に
マネージャーに求められること 48

あえて「異質な社員」に
仕事を任せる切実な理由 54

2章

デキるリーダーは常に「いい任せ方」をしている

サッカーがプロレス化した時代では、これまでのルールは通用しない 58

権限の範囲を示さない振り方を「丸投げ」という 64

指示は徹底して「具体的、かつ的確」に出す 68

「判断のルール」をつくると部下の迷いが一切なくなる 72

報告・連絡・相談は「上司が部下に行う」もの 76

「期限」と「優先順位」をハッキリ伝える 80

仕事の「背景」と「要求レベル」をハッキリ伝える 84

仕事を任せるときは、「責任」も一緒に負わせてみよ！ 88

部下のミスには「問答無用で責任を取る」 92

3章 「プレーイング・マネージャー」になってはいけない

部下を忙しくさせるのが、上司の愛情 96

部下の仕事が「60点」なら、"合格点を与えなければならない" 102

「仕事を抱えてしまう上司」の残念な共通点 108

「必死に働く姿」を部下に見せているか？ 112

「攻め」が得意な部下には、「攻め」の仕事だけを任せる 116

部下の短所は「ほうっておく」 120

会社に「サボる社員」が必要な事情 126

「適材適所」は、口で言うほどやさしくない 130

1冊の古典はビジネス書10冊に勝る 136

4章

この上司力で「チームの実力」を一気に上げる

「アホな上司」ほど
精神論を振りかざす
140

残業時間が自然と減る——
「部下の生産性が上がる」評価基準とは?
146

統率力とは
「丁寧なコミュニケーション」のこと
150

「新しいアイデア」は
「他人の頭の中」にあった!
158

5章 「時間を殖やす」「成果を殖やす」人材マネジメント

任せられるから、「できるようになる」 164

「好き嫌い」「怒り」——感情を出しすぎてはいけない 168

人材のリクルートは、「現場のチーム」に任せる 174

「知っている人」を知っている人は、任せ方がうまい 180

餅は餅屋。
専門家に任せたほうがいい場合 184

「ほしい人材・情報」を
コストをかけずに集める法 190

自分の「コア・コンピタンス」は残し、
それ以外はアウトソーシングする 194

◎ おわりに 200

◎ 編集後記 203

1章 上司になったら「任せるしくみ」をつくりなさい

いい上司への一歩――
マネジメント能力の限度を知る

🖋 細かく指導できるのは「部下2～3人」まで

「部下の仕事を、一つひとつ丁寧に確認しよう」とすると、いい上司にはなれません。
部下にある程度の権限を与えて、仕事を「上手に任せる」必要があります。
その理由の一つを端的に言えば、

「人間の能力は、それほど高くはない」

からです。
ここでいう「人間」とは、部下のことではありません。上司の側のことです。
どれほど優秀な上司でも、「部下の仕事に首を突っ込もう」「一つひとつ細かく確認しよ

う」「積極的に手伝おう」とすると、目をかけられる部下の人数は、「2〜3人」が限度です。いくら能力の高い上司でも、「4人以上」の仕事をこと細かく管理するのは、むずかしい。

箸の上げ下ろしまで口を出そうと思ったら、2〜3人がせいぜいです。

たとえば多くの部下を持つ上司が、

「人間の能力は、それほど高くはない」
「上司の管理能力は、せいぜい部下2〜3人分である」

ことがわかっていないと、チームは機能しません。

「いや、私は5人以上の部下の箸の上げ下ろしまで口を出せている」という方もいるかもしれませんが、それは、組織の健全性を保てていない可能性が高いでしょう。

そのような組織は「茶坊主（権威者におもねる人）」ばかりが集まる歪（ゆが）んだ組織になってしまう可能性が高いからです。

繰り返しますが、上司が細かく管理できる部下の人数は、多くても2〜3人です。それ以上の部下には目が届きません。すると、「目が届かない部下」に対しては、彼らから上

19　上司になったら「任せるしくみ」をつくりなさい

がってくる報告をベースに仕事の判断をすることになります。

ですが、「部下から上がってくる報告」にばかり頼っていると、正しい判断ができないのです。部下は茶坊主となって、「上司が気に入るような報告（ゴマすりやお世辞）」しかしなくなるからです。

そんな状況に、心当たりはありませんか？

私が日本生命にいた時代に、はじめて持った部下は、1人だけ、でした。

「手取り足取り教えなきゃいけないな」

と思い、丁寧に指導をしたのですが、部下の数が2人、3人、4人、5人……と増えていくうちに、

「一人ずつ、きちんと指導するには時間が足りない。こんなんでは、飲みにも行けへんな。部下を茶坊主にはしたくないし、これは何とかせなアカンな」

と考えるようになり、私は、

「部下を細かく指導するのはやめよう」

と決めました。

大げさに言えば、「人間の能力の限界」が見えたからです。

そこで私は、「広く浅く、10人を均等に見る」ように接し方を変えたというわけです。

◎「この10人」を見れば、1万人を統率できる

多くの部下を持つなら、「部下の仕事を一つひとつ丁寧に見よう」という考え方は捨てるべきです。

部下に権限を与えて、仕事を任せるしかありません。

「仕事のプロセスには細かく首を突っ込まない」ようにすれば、「10〜15人の部下」を管理することも可能になると思います。

モンゴル帝国の第5代皇帝にクビライという人物がいます。私は彼こそ、史上もっとも有能なリーダーの一人だと考えています。

彼が率いるモンゴル軍が「最強の軍事組織」になり得たのは、各隊の隊長に兵士の統率を任せていたからでしょう。

21　上司になったら「任せるしくみ」をつくりなさい

1万の軍勢を率いる「1万人隊長」といえど、1万人の兵士を一人ひとり細かく見る能力は当然ありません。

では、どうするか？

23ページの図をご覧ください。

モンゴル軍の組織図を簡単に描いたものです。

1万人隊長は、「10人の1000人隊長」を部下に持ち、部隊の指揮を任せます。1000人隊長は、「10人の100人隊長」を部下に持ち、部隊を任せる。100人隊長は、「10人の10人隊長」を部下に持ち、部隊を任せる。そして、10人隊長は、「10人の兵士」を部下に持つ……。

つまり、どの隊長も、管理している部下の数は「10人」です。

このように、10人を一つの単位として考えたうえで、「各隊の隊長に権限を与えた」からこそ、モンゴル帝国は1万人の兵士を楽々と統率できたのです。

22

100人分の成果を上げるために100人に仕事を任せる

　会社はもっともっと儲けないといけない

「仕事を任せる」ことは、ビジネスを成長させるためにも、お金を稼ぐためにも非常に大切なことです。

私は、自分のことを、あえて**「成長至上論者」**だと名乗っています（むしろ偽悪者として、ですが）。したがって、次のような論調には、反対です。

「GDPを追い求めるのはやめて、人間らしい生活を求めよう」
「経済的な豊かさよりも、心の豊かさを大切にしよう」

「量を増やすより、質の高い暮らしをしよう」
「国富論ではなく、幸福論を語ろう」

　私は、「企業は、もっとお金を稼ぐべき」だと考えています。その理由は、明白です。稼ぎ続けなければ借金がかさみ、「いまの生活レベル」さえ維持できないからです。

　たとえば、医療・年金を見てみましょう。高齢化が進み、1年間で「1兆5000億円以上」のお金が、新たに医療・年金に使われています。国を企業にたとえてみると、来期は今期よりも「1兆5000億円以上、支出が増える」ことになります。

　ということは、来期に「1兆5000億円以上の新たな収入」がなければ、会社（国）はどんどん貧しくなっていくわけです。

「GDPを追い求めるのはやめよう」と論ずる人たちは、
「いまの豊かさを維持するだけなら、これまで以上の努力は必要ない」
「東京は、都市全体がこんなにも整備されていて、キレイで、公共施設も交通網も発達して、便利で、これ以上のぜいたくはしなくていい」

などと思っているようです。

でもその考えは、大きな間違いです。

東京は、生産力が高くて、税収がたくさんあって、地域として儲かっているから、都市計画に投資ができる。東京が経済的にも成長しているから、整備されているのです。

逆にいえば、**いまの豊かな生活を維持するだけでも、大変な努力が必要**なのです。

「人間的な豊かさ」を論じるのも大切ですが、だからといって「経済的な豊かさ」をないがしろにしてはいけません。企業は、もっと強くなるべきです。

では、強くなるためには、どうしたらいいでしょう？

答えは、**「任せるしくみ」をつくる**ことです。

自分一人の力だけでは、「社員100人分の成果」を上げることはできません。100人分の成果を上げるには、100人の社員に仕事を任せるしかありません。

これが、組織を強くする、会社を強くする要諦です。

任せるしくみが「強い会社」「強い部署」をつくる

経営は経営のプロに、業務は業務のプロに「任せるしくみ」をつくると、どうして会社が強くなるのか。その理由は、おもに3つあると私は考えています。

① 経営と業務執行の分離が実現する（29ページ）
② ダイバーシティ（多様性）への認識が高まる（54ページ）
③ グローバル経済の変化に対応できる（58ページ）

少し難しいので一つひとつ解説をしていきますが、それに先立ち、前提となる話があります。それは、日本経済を立ち直らせる（強い会社をつくる）には、まず「戦後の日本経済の成功体験」をきちんと総括すべきだということです。

戦後日本の経済的な復興は、特殊な要因のうえに成り立っているからです。次項から、「どうして、日本企業は弱くなったのか」——その原因を踏まえながら「任せるしくみ」の大切さについて検証していきましょう。

任せるメリット①「経営と業務執行の分離が実現する」

経済学者・野口悠紀雄（ゆきお）先生の著者『1940年体制—さらば戦時経済』（東洋経済新報社）は、日本経済の特殊性に言及した名著です。

戦後日本の復興は、平たくいえば「統制談合経済、鎖国経済」の結果です。

為替レートは1ドル360円と当局が決め、経営者は為替のことすら考えないで、輸出に励んでいました。「変化を一切考えなくていい」のですから、「ラクができた」「頭を使わなくてもよかった」といえます。

為替は固定。アメリカの真似をして高度加工組立産業（自動車、電機、電子など）を復興させる。外地からの引揚者で人口も増える……。やがて日本経済は大きく成長します。

戦後の日本は、アメリカをロールモデルにして、アメリカに追いつくことが目的でした。

政府（中央官庁）が国民に要求したのは「余計なことは考えず、黙って働くこと」です。アメリカで「すでに結果が出ている産業政策」を、そのまま日本に取り入れるだけですから、「考える」必要はなかったのです。

サラリーマンの所得は、どんどんアップします。経済成長に比例して、給料は10年でほぼ倍になるわけですから、誰も会社を辞めようとしません。年功序列賃金になります。個々の能力を査定するより、年齢に応じて賃金を上げるほうが簡単です。

人手が足りないから、青田買い（卒業予定の学生を早くから内定させる）をして、人材を確保する。確保した人材は、年功序列で賃金を上げる。勤めていれば自然と賃金が上が

るから、会社を辞めない。終身雇用で定年まで働く……。国が豊かになり続けた結果として、日本の雇用形態は「青田買い」「終身雇用」「年功序列」が慣例化します。

・活きのいい人材を求め、学生を早くから採用する（青田買い）
・今の仕事が嫌いでも給料が上がるから、会社を辞めなくなる（終身雇用）
・終身雇用なら、勤続年数に応じて役職を上げるのが簡単（年功序列）

そして「歳を取った社員の中で、それなりに優秀な人」あるいは「ゴマをするのがうまい人」が社長や役員のポストに就きます。

「現場で優秀だった人が、経営に携わる」のが、日本型経営の特徴だったのです。

「名社員、名経営者にあらず」

しかし、この慣例が日本企業を弱くした一因です。「会社経営」と「現場の業務」では、

まったく別の能力が必要です。
「営業成績がトップだった」からといって、経営者としても優秀だとは限りません。
「名選手、名監督にあらず」は、スポーツのみならず、ビジネスの世界でも言い得て妙です。

瀕死のIBMを立て直したルイス・ガースナーは、ナビスコの会長兼CEO（最高経営責任者）だった人物です。
ビスケットを売っていたガースナーに、コンピューターがわかるわけはありません。
それでもガースナーがIBMを甦らせることができたのは、彼が「仕事を任せた」からです。
ガースナーは、経営と業務執行を分け、自分にわかること（経営）にのみ注力した。自分にはわからないこと（現場の業務執行）は他人に任せ、首を突っ込むことはありませんでした。
IBMは、名選手を監督に据えるようなことはせず、すでに実績を持った**「名監督を外から招聘した」**からこそ、立ち直ったのです。

この例ひとつをとってみても、社員としての優秀さと、経営者としての優秀さは、イコールではないことがわかります。

強い会社をつくるためには、経営と業務執行を分離する。「経営は経営人材」に、「業務執行は社員」に任せるしくみが必要です。

これは、一つの部署（チーム）単位で考えた場合にもあてはまります。「マネージメント」と「業務の執行」を分離する意識が必要といえるでしょう。

実は、私自身が創業したライフネット生命は、2013年から会長兼CEO（最高経営責任者）と社長兼COO（最高執行責任者）を設けました。

これも、役割と権限を明確化し、「意思決定」と「業務執行」を分離するためです。

「みんなで話し合って決める」は なぜ悪いのか?

「CEO」と「COO」の役割分担を考える

ライフネット生命が開業したのは、2008年です。私が代表取締役社長に、パートナーの岩瀬大輔が代表取締役副社長に就任。メディアから「2トップ体制」と呼ばれることもありましたが、実質的には、「1トップ」だったと言えるでしょう。社長である私が「意思決定」と「業務執行」の両方の責任を担っていたからです。

2013年6月23日、株主総会の日に、ライフネット生命は本当の意味で「2トップ体

制」へと変わりました。

持続的な成長を目指す上で、コーポレート・ガバナンス態勢（企業の経営を監視するしくみ／企業統治）の強化は不可欠です。そこで、**会長兼CEO**（チーフ・エグゼクティブ・オフィサー／最高経営責任者）と、**社長兼COO**（チーフ・オペレーティング・オフィサー／最高執行責任者）を新設。

会長兼CEOには私が、社長兼COOには岩瀬が就任し、新体制がスタートしました。経営戦略や経営方針などの意思決定は私が管轄しますが、**業務執行は、岩瀬に任せるかた**ちです。

ライフネット生命では「100年後には世界1位のグローバル保険会社になろう」というビジョンを掲げています。「グローバル企業」は、CEOとCOOをきちんと分けるのが定石ですから、私たちも代表取締役2人の分担を明確にしたわけです。

・CEO……会社の「意思決定」に責任を持つ
・COO……会社の「業務執行」に責任を持つ

株主総会や取締役会で、会社の経営方針を「決める」のは、CEO（私）の責任。一方で、「決めたことを実際に執行する」のは、COO（岩瀬）の責任です。

たとえば、企業買収に失敗したら、CEOの責任になります。「あの会社を買収しよう」と方針を決めたのは、CEOだからです。

業務上でミスがあったときは、COOの責任になります。オペレーションに対して、管理が行き届かなかったからです。

このように、「意思決定」と「業務執行」の責任を分ける（業務執行はCOOに任せる）ことで、透明で一貫性のある経営ができるようになると考えています。

「決定権者が一人で決める」メリット

日本人は、「みんなで話し合って、みんなで決めよう」こと（稟議制(りんぎ)）を好みます。ですが「みんなで決めよう」とすると、決定のスピードが損なわれます。稟議書にハンコの数が増えるほど、「誰の責任で決めたのか」があいまいになってしまうでしょう。

【稟議制のデメリット】
・意思決定に時間がかかりすぎる
・責任の所在があいまいになる

したがって、**決定権を持つ者が、一人で決める**べきです（後述しますが、事案によっては、決定権者以外の者に「同意権」を持たせることがあります）。

ライフネット生命の取締役会（常勤の取締役4名と社外取締役3名の、計7名で構成）は、多数決によって決議しますが、仮に議長（私）を除く6名の意見が「3対3」で分かれたときは、CEOの私が責任を持って決めることになります。

つまり、このようなケースでは、最終的には、私一人に意思決定の権限が託されているわけです。

権限をハッキリさせるだけで仕事のスピードが上がる

☞ たとえば「100万円未満の仕事は、課長が決める」

 大きな「組織」に関しての話が続いてしまいますが、大事なところなので、しばらくお付き合いください。

 取締役会での決定を「執行する役割」はCOOにあります。とはいえ、すべての業務をCOOが一人で担うのは、現実的ではありません。**職責が下位の社員に権限の一部を委譲し、業務を分担するしくみが必要です。**

 権限の委譲は「金額」で考えるとわかりやすいと思います。仮にですが、

- 3000万円以上の支出をともなう事案は、取締役会で決める
- 1000万円以上3000万円未満なら、COOが決める
- 500万円以上1000万円未満なら、担当役員が決める
- 100万円以上500万円未満なら、部長が決める
- 100万円未満なら、課長が決める

このように、役職に応じた限度額を決めておけば、意思決定権者が明確になるでしょう。

このとき、**決められた範囲内（権限内）**であれば、**職責上位者の承認は必要ありません。**

「自分ひとりの権限」で物事を決定できるようにすべきです。

たとえば課で使うコピー機を50万円で購入するとき、課長は部長の許可を得なくても、自分の判断で決定できるのです。

☞ 「誰が」「何を」「どこまで」決定するのか

企業は、責任の所在を明らかにするためにも、また、意思決定のスピードを早くするた

めにも、「権限の範囲」を社員に周知すべきです。

「誰が、何を、どこまで（いくらまで）決定できるのか」
「自分が負うべき責任は、どこまでなのか」

といった「物事を決めるときのルール」をはっきりさせておかないと、仕事を任せる側も、任される側も業務に注力できません。

「100万円未満は課長が決めていい」と範囲がわかっているから、課長は50万円のコピー機を自分の権限で購入できるのです。

野球でも、「サードの選手は、ここから、ここまでのエリアを責任を持って守る」「ショートは、ここからここまで」「セカンドは、ここからここまで」と守備範囲を決めているから、エラーを防げるわけです。

もし、ポジションごとの守備範囲が決まっていなかったら、選手同士が譲り合ってしまい、なんでもないフライがポテンヒットになるかもしれません。

役職ごとに「権限の範囲」を明確にする。「ここからここまでは、自分の判断で進めていい」というルールを明示しておかなければ、仕事を任せることはできません。

「協議」と「同意」はまったく違う

事案の内容によっては、「決定権者が一人で決めると、都合が悪いこと」もあるでしょう。「まわりの意見を参考にしたうえで、決定をしたほうがいい」場合があります。

「営業部に配布する携帯電話の機種を決める」ことになったとします。営業部全員に関わる事案ですから、営業部長の好き嫌いだけで機種を選ぶわけにはいきません。実際に携帯電話を使う社員との「協議」も必要でしょう。

「協議」とは、みんなで話し合う（相談する）ことです。ただし、「みんなで話し合いをする」だけであって、「みんなで決める」ことではありません。最終的にどの機種を選ぶのかは、「決定権者（営業部長）」が一人で決定する」のが正しい協議のあり方です。

「話し合いはするけれど、決定は一人で行う」のが協議のルールです。

たとえばライフネット生命の執行役員会は、業務執行について「協議」する場です。常

勤取締役（執行役員を兼務）4名と執行役員2名によって行われますが、誰がどのような発言をしようとも、決定権はCOOにあります。

執行役員会でCOOが「今度、こういう決定をしようと思うので、意見を聞かせてほしい」と尋ねたとします。すると役員の多くが異を唱え「僕は反対です」と答えたとしても、「一応、協議はしたのだから（話し合ったのだから）、あとはCOOが決めればいい」わけです。もちろん、COOは他の役員の意見を参考にするでしょう。でも、他の役員が反対したからといって、COOの決定権が覆されるわけではありません。

とはいえ、事案の重要性や金額の大きさによっては、決定権者以外の者に「同意権」を与えておく方法があります。

同意権とは「拒否権」であり、公明正大な決定を下すために必要な権利です。

たとえば「多部門に亘（わた）る事業の予算に関しては、経理部長の同意が必要」というルールをつくっておく。すると、決定権を持つ長でも、「経理部長の同意を得られなければ、仕事を進めることはできない」ことになるのです。このように、同意権はとても強い権能なので、乱発すると仕事が進まなくなります。同意権は「限定」することが基本です。

42

「どこまで任せるのか」権限の範囲を決めておく

役職	権限範囲
取締役会	3000万円以上の支出
COO	1000万円以上〜3000万円未満の支出
担当役員	500万円以上〜1000万円未満の支出
部長	100万円以上〜500万円未満の支出
課長	100万円未満の支出

「課長の決定に、部長は口を出してはいけない」

☞ あなたにはこの「権限の感覚」がありますか？

権限を与え、仕事を任せたあとの大事なルールがあります。

それは、ひとたび権限を委譲したら、**その権限は「部下の固有のもの」であり、上司といえども口を挟むことはできない**というものです。

「100万円以上500万円未満なら、部長が決める」
「100万円未満なら、課長が決める」
というルールを設けたとします。

この場合、「100万円未満の決定権」は課長の固有のものです。職責上位の部長でも、課長の権限を脅かすことはできません。

課長が「50万円でA社製のコピー機を購入することに決めた」とき、部長は「オレはA社が嫌いだから、B社製を購入しろ」と課長に命じることはできません。課長の権限を取り上げて部長のものにすることはできないのです（ただし、「コピー機を買うときは、部長の同意が必要」というルールがあるのなら、部長は拒否できます）。

課長が不在のときに、部長が「決定を代行する」ことはできます。でも、課長がいるときは、課長のみが決定権者になるのです。

「部長といえども、課長が決めた決定（課長に与えられた100万円未満の決定）に口を挟むことはできない。課長の一存で決めていい」

というルールをつくっておかないと、すべての事案において、「課長が部長に相談を持ちかける」ことになれば、課長の時間も、部長の時間も奪われてしまいます。あるいは、「部長に叱られたくない」との思いが先走ってしまい、課長が茶坊主やゴマすり社員になりかねません。「部長が気に入りそうな相

45　上司になったら「任せるしくみ」をつくりなさい

談]しかしなくなるからです。

課長が係長に仕事を任せるときも、係長が一般社員に仕事を任せるときも、同様の考え方が適用されます。「ここから、ここまでは、自分で決めていい」と権限を与えたのであれば、たとえ社長であっても、その権限を奪うことはできません。

そのため、仕事を任せるときは、はじめに「権限の範囲」を明確に伝えるのです。

「ここから、ここまでの権限を与える。権限の範囲内であれば、自分で決めていい。ただしそれ以外は、職責上位者の同意が必要である」

といったルールを開示しておくのです。そして、部下に権限を与えた職責上位者は「部下の決定」に口出しをしてはいけません。

「権限は、一度与えたら、あとから取り戻すことはできない」
「職責上位者だからといって、オールマイティではない」
「上司は、部下の権限を代行できない（不在時は除く）」

仕事を「任せる側」は、こうした「権限の感覚」を身に付けることが重要です。

上司（任せる側）が持つべき権限の感覚

課長	部長
100万円未満の決定権限	部長の同意がいるもga（権限の範囲を明確にする）

口を挟んではいけない
課長：100万円未満の決定権限 ✕← 部長

権限を取り戻してはいけない
課長 ✕ → 部長：100万円未満の決定権限

これからの時代に
マネージャーに求められること

🖐 「毎晩飲み歩く社長が業績を上げた時代」があった⁉

高度成長期とは、
特別なことをしなくても、年8％の成長が見込める時代
「言われたことをしているだけで、成長できた時代」
だったと私は考えています。
高度成長期がどのような時代だったのか、その様子を揶揄(やゆ)する、昔どこかで聞いたジョークをご紹介します。

48

ある会社の社長が交替しました。新任の社長は意欲的で「会社をどんどん変えていこう」「新しい取り組みをはじめよう」と急進的な考えを持っていました。

困ったのは、秘書室長です。いまのままでも、特別なことをしなくても会社は8％の成長をしています。社長が新しい取り組みに着手すれば、成長率は2倍の16％までアップするかもしれません。でも、一歩間違えば、ゼロ％になってしまう危険性があったからです。

秘書室長は「そんなリスクはとれない。8％のままでいい」と考え、秘策を練ります。

その秘策とは……、「社長を毎晩、銀座のバーに連れて行くこと」です！

毎晩銀座で飲ませて、酒漬けにすれば、社長もやる気を失います。ひと晩に10万円で、365日毎晩飲んだとすれば、酒代は年間3650万円。たしかに、それなりの出費です。けれど、8％成長が続くのなら、この金額（コスト）は決して高くはなかったのです。余計なことをせず、それほど「何もしなくても、成長できた」のが高度成長期でした。

黙って働いていれば、成長できたわけです。

ところが現在は、社会構造が大きく変わっています。

「何もしなければ、ゼロ成長」です。

だとすれば、経営者（管理職）は、マネージメントについてしっかり勉強をして、社会の変化に対応していかなければなりません。

「社員としての優秀さと、経営者としての優秀さは違う」ことを知り、「マネージメントはマネージャー（経営者）に、「実際のプレイ（業務）はプレーヤー」に任せるしくみを構築する必要があります。たとえば、労働慣行についても、「青田買い」「終身雇用」「年功序列」に縛られていては、この時代で勝ち残ることはできないのです。

☞ 歴代の経営者でもっとも優秀なのは、織田信長

過去、現在を含め、「日本人の中で、もっとも優秀な経営者は誰だと思うか」と質問されたら、私は迷わずこの人物を挙げます。

「織田信長（おだのぶなが）」です。

私は、「**自分の頭で考える**」ことが競争力の原点だと考えています。

その点で織田信長は、希有な才能を有していたと思います。強い競争力と、経営者視点を持った戦国武将です。

織田信長は、尾張国の戦国の雄・織田信秀の子として生まれます。しかし、両親は弟をかわいがった。信長は一人、商人の集まる町、清洲で遊びほうけ、その結果、いろいろなことを学んで「世の中のさまざまな原理を、自分の頭で考えるようになった」のではないでしょうか。

一方、徳川家康は、常に家臣がかしずき、今川に捕虜になったときも家臣が周囲を固めていました。もしかしたら家康は、実際に町を歩いたことがなかったのかもしれません。

リアルな世界を知っているかどうか……。これこそ、信長と家康の発想力の差なのだと私は推測しています。

何もしなくてもよかった高度成長期であれば、流れに乗っているだけなので、家康型が適していました。

ところがこれからの日本のように、ゼロ成長、マイナス成長の社会では、自分の頭で考

51　上司になったら「任せるしくみ」をつくりなさい

える「信長型のリーダー」が求められています。

いままで5時間かかっていた仕事を、明日も5時間、あさっても5時間、1カ月後も1年後も10年後も5時間かかっていたら、いつまでたっても生産性は上がりません。

生産性を上げるには、5時間を4時間に、4時間を3時間に短縮しなければなりません。

そのためには、言われたことをやっているだけではいけません。

「自分の頭で必死に考えなければならない」のです。

● 「会社を立て直すリーダー」の条件

「自分の頭で考えるリーダー」を考えるついでに、もう一つお話ししておきます。

関連会社をいくつも抱える大きなグループ企業だと、「本社の社長になれなかった人」が関連会社の社長に就任することがよくあります。関連会社の社長のポストは「権力闘争に敗れた人の処遇のポスト」になっているのです。

本社の社長になりたかった人が、関連会社の社長で満足できるのでしょうか？

52

「あと一歩のところまで行ったのに、オレは本社の社長になれなかった。残念やな。この関連会社で70歳くらいまで仕事をするのか。秘書がいて、社用車で送迎してもらえて、悪くないかもしれないけど、しかし、癪やな」

こんな気持ちでいる社長が、その関連会社の業績を上げられるでしょうか？ 無理です。

私は、「本社の社長になれなかった人を、関連会社の社長にする」という考え方に反対です。関連会社の社長のポストは、「本社の社長になれなかった人」ではなく、むしろ「本社の社長になれそうな人」に任せるべきだと思います。

社員として優秀でも、経営者として優秀なのかはわかりません。経営者と一般の社員では、求められる役割も、能力も、視野も違うからです。

経営者を外部から招くのではなく、自社の中から選出したいのであれば、「社員として優秀な人材が、経営者としても力を発揮できるかどうか」を見極めなければなりません。

つまり、**優秀な社員に関連会社の社長を任せてみて、実績を上げることができたら、本社の取締役として呼び戻せばいい**のです。

あえて「異質な社員」に仕事を任せる切実な理由

任せるメリット② 「ダイバーシティ(多様性)への認識が高まる」

欧米は、企業経営陣の「多様性」を推進することに熱心です。その象徴が、「女性の登用」ではないでしょうか。

欧米のいくつかの国では、女性役員のクオータ制(一定数の女性役員の登用を企業に義務付ける制度)の導入が進んでいます。

近年は、スペイン、フランス、ベルギー、オランダ、カナダ、オーストラリアなどでクオータ制が法制化されています。とくにノルウェーは積極的です。株式会社を対象に「女性役員比率を40％」にすることを義務付けています。

アメリカのコンサルティング会社「GMIレーティングス」は、世界各国の企業における「女性役員比率」を調査。その結果、日本企業（447社が対象）の女性役員比率は、「1・1％」で、**世界最低水準（45カ国中44位）**であることがわかりました。
先進国の「平均11・8％」、新興国の「平均7・4％」を大きく下回っています。
日本企業の経営陣は、年功序列で純粋培養された「おじさんたち」が担っています。経営陣の多様性（ダイバーシティ）の乏しさ、すなわち同質性の高さが、構造改革を遅らせていると私は考えています。

欧米の企業が「女性役員の登用」に積極的なのは、極論すれば「消費を支えているのは、女性」だからではないでしょうか。
『ウーマン・エコノミー　世界の消費は女性が支配する』（ダイヤモンド社）の著者、M・シルバースタイン、K・セイヤー（ボストン・コンサルティング・グループのマーケティ

55　上司になったら「任せるしくみ」をつくりなさい

ング・コンサルタント）は、世界40カ国、1万2000人を対象に調査を実施し、「世界の消費の64％は、女性が支配している」と結論付けています。

消費者の多くが女性ならば、消費財を生産する企業側にも女性が必要です。「年功序列で純粋培養されたおじさんたち」に、女性の気持ちがわかるとは思えません。女性社員に「任せる」ほうが、消費を伸ばすことができるはずです。

世界最大の食品会社であるネスレは、スイスの企業です。ですが、売上の98％は「スイス以外の国」で稼いでいます。

食品は地域に根ざしたものであるため、ネスレでは、ダイバーシティの取り組みが不可欠です。スイスの会社でありながら、取締役会の中にスイス人が数人しかいないのは、「アフリカでものを売ろうと思ったら、アフリカ人のマネージャーがいなければ判断できない」からです。

同質性にこだわると、会社が硬直化します。

女性に売るなら女性に、外国人に売るなら外国人に、若者に売るなら若者に任せる。**性別や年齢、国籍を超え、多様な人材に「任せる」**ことで、会社は強くなります。

56

ライフネット生命のIPO（株式公開）を仕切った企画部長は、当時32歳。彼は、とある会議が終わると私のところにやってきて、こんなことを言いました。

「出口さん、さっきの言い方はなんですか」
「あんな言い方をされると、みんなやる気をなくします」
「次回からは、こんな風な言い方をしてください」

もし、企画部長が50〜60代の「おじさん」だとしたら、私に気を遣って、彼のようには言いたいことがストレートに言えなかったはずです。「あの王様は裸だよ」「出口は間違っているよ」と指摘できるのは、ライフネット生命が「女性・若者」を経営チームの中に取り込んでいるからです。

同質性の高いおじさんばかりで経営チームを構成すると、変化に対応できません。ボードメンバーにしても社員にしても、ダイバーシティを徹底し、多様な人材で組織を構成する。これからの企業には、**「異質な社員に権限を委譲し、任せる」**ことが求められているのです。

サッカーがプロレス化した時代では、これまでのルールは通用しない

任せるメリット③「グローバル経済の変化に対応できる」

1980年代後半に起きた「東西冷戦の終焉」によって、日本経済は大きな影響を受けました。

冷戦の終焉で、自由経済市場でのプレーヤーの数が一気に拡大します。東西冷戦が終焉するまで、自由経済市場は「日米欧10億人の間で行われるゲーム」でした。

ところが、ベルリンの壁が崩壊し、ソ連がロシアに変わり、中国が市場を開き、その後も東南アジア、インド、アフリカが次々と参入してきました。プレーヤーの数は、「10億人から50億人へ」膨れ上がったわけです。

プレーヤーの数が増えると、どうなると思いますか？
ゲームのルールが変わります。

自由経済市場をサッカーにたとえてみましょう。サッカーは、「11人対11人」で行うスポーツです。では、競技場のサイズが同じまま、プレーヤーの人数が増えて「50人対50人」になったとしたら？　競技場の中には「100人」もの敵味方がひしめき合って、パスは通らない。おそらく「プロレス」のような殴り合いになるでしょう。

サッカーがプロレス化する時代では、いままでどおりのルールは通用しません。**グローバリゼーションとは、一言でいえば、「ゲームのルールが変わったこと」を意味しています。つまり、新しいルールを覚えて、新しい人材に仕事を任せて、**これまでと違った戦い方をしなければ、勝てなくなってしまうのです。

ゲームのルールが変わると、市場ごとに製品やサービスに求められるスペックも変わります。

59　上司になったら「任せるしくみ」をつくりなさい

たとえば、新興市場で求められる家電商品のスペックは、「基本的な性能を満たすこと」「安い価格帯で手に入りやすいこと」「壊れにくいこと」でしょう。

新興国で「高付加価値・高価格の商品」をそのまま売るのは、サッカー場がプロレス化しているにもかかわらず、キレイなパスサッカーをするのと同じです。まったく通用せずに、殴り倒されるに決まっています。

パスがうまい選手ばかり集めたところで（同質の選手ばかり集めたところで）、プロレスでは勝てません。

プロレス化したサッカー場で相手を負かすには、ダイバーシティを取り入れ「プロレスラー」を採用すること。サッカー選手をベンチに下げて、プロレスラーを投入しなければ、新しくなった市場のルールには対応できないのです。

「任せるしくみ」の3つのメリット

1 経営と業務執行の分離が実現する

経営（意思決定）／業務執行 → 経営（意思決定）　業務執行

2 ダイバーシティ（多様性）への認識が強まる

3 グローバル経済の変化に対応できる

2章

デキるリーダーは常に「いい任せ方」をしている

権限の範囲を示さない振り方を「丸投げ」という

☞ 部下の視野を広げる「仕事の振り方」がある

権限の感覚（46ページ）を持たない上司は、「任せる」（権限の委譲）と「丸投げ」の違いがわかっていません。

「任せる」も「丸投げ」も「仕事を振る」ことに変わりはありませんが、その「振り方」には大きな違いがあります。

・丸投げ……指示があいまい。「何でもいいから、適当にやっておいてくれ」
・任せる……指示が明確。権限の範囲が明確。「キミにはこういう権限を与えるので、こ

「任せる」とは、「権限の範囲を明確にしたうえで、的確な指示を与えること」です。

具体的に見てみましょう。

【任せ方のパターン例】

パターン① 「権限の範囲内で、好きなようにやらせる」

例：「〇〇に関するプレゼンテーション資料をキミにつくってほしい。こちらからは口は出さないので、権限の範囲内であれば、**好きなように資料をまとめてもらってかまわない**」

パターン② 「仕事の一部分・パーツを任せる」

例：「〇〇に関するプレゼンテーション資料をつくっているのだが、×××に関するデータが不足している。**この部分のデータを集めてほしい**。資料をまとめるのはこちらでやるので、キミがやるのは、データを見つけてくることだ」

パターン③ 「上司の仕事を代行させる」

例：「〇日後にプレゼンテーションがある。本来は部長の私が説明をするのだが、今回は私の**代役**として、キミにスピーカーを担当してもらう」

①の任せ方は「好きなようにやらせ、上司は口を出さない」わけですから、「丸投げと同じではないか」と思えるかもしれません。

ですが、「こちらからは口は出さないので、好きなようにやってもいい」との指示を明確に出しているのですから、丸投げではありません。

②の任せ方は、「ビジネスラインの一工程を任せる」「作業の一部分だけを任せる」やり方です。

③の任せ方は、部下の視野を広げる一助となります。「一段高い仕事」を任せるようにすると、部下の視野が広がります。「上司の代役」を任せれば、部下は「自分が部長や課長になったつもり」で考えるようになるでしょう。

ビルの1階では見えなかった景色が、階が上がるほど視野が広がって、遠くまで見える

66

ようになる。それと同じです。

私は、日本生命時代、小さなロンドン支店で、500億円の証券運用を任されていました。在任期間3年で、その他に、また、2000億円のお金を新たに貸付けました。

責任は重大。当然ですが、「本当に回収できるのか」を必死になって考えます。こんなときはプレッシャーを感じて苦しくなることもあるかもしれませんが、この経験は、その後の私の糧になっていると思います。

大きな仕事を任されると、責任も重くなる。否応(いやおう)なく階段を上がることになる。その結果、**「自動的に視野が広くなる」**のです。

67　デキるリーダーは常に「いい任せ方」をしている

指示は徹底して「具体的、かつ的確」に出す

労務管理とは「部下に権限を与え、具体的かつ的確な指示を出す」こと

上司がすべき"労務管理"とは、
「部下に権限を与えたうえで、**的確な指示を出すこと**」
です。部下に権限を与えても、上司の指示があいまいであれば、成果を上げることはできません。極端な話、営業部の上司が部下に対して、
「東京都内ならどこでもいいから、適当に行って、適当に売ってこい」
と指示したところで、部下は困惑するだけでしょう。指示が「適当」だからです。
上司は、「部下が困らないように、具体的かつ的確な指示を出す」必要があります。営

業部員が10人いるのなら、
「23区を江戸川区と荒川区、港区と渋谷区、世田谷区と新宿区、北区と足立区……と10のエリアに分けた。誰がどのエリアを担当するかは、くじ引きで決める」
「売り方は各自に任せるので、担当エリアごとに月100万円の売上を上げること」
「扱う商品は、これ」
「報告は、1カ月後でいい」
と指示を与えておけば、「どこに行って、何を、いつまでに、どれだけ売ればいいのか」が明確になるので、部下は動きやすくなります。

☞ 的確な指示は「双方向のコミュニケーション」

上司は、「部下が動きやすい指示」を与えなければなりません。
ただし、「明確な指示を与えたつもり」でも、部下には伝わらないことがあります。
「口頭での指示が苦手なので、部下に伝える自信がない」上司も多いようですが、それならば「メモやメールで指示を出し、文書に残す」「伝えたあとで部下に復唱させる」など

69　デキるリーダーは常に「いい任せ方」をしている

して、**情報の食い違いを防ぐ**ことが大切です。

一方で、指示を受けた部下にも守るべきことがあります。それは、「腑に落ちるまで内容を確認する」ことです。

「的確な指示」とは、双方向のコミュニケーションです。「上司から部下」への一方通行ではなく、「上司から部下、部下から上司」の相互通行によって成り立つのです。上司の指示がわからなければ、部下は指示の内容を理解するまで、聞き直す必要があります。

とくに中間層の社員は、「上司から受けた指示を、さらに部下に伝えるポジション」にいます。課長であれば、部長からの指示を係長に伝えるポジションになります。

ということは、上司の指示が腑に落ちていなければ、部下に対して「的確な指示」を出すことができません。

☞ なぜ「重大事故」が「何もなかった」ことになるか

現場で大きなトラブルが起こったとします。大企業でよく言われているケースでは、課長には、「大きな事故が起きたけれど、現場で対処できる」と伝わります。部長には「現

場で事故があったが、それほど大事には至らなかった」と伝わります。

役員には「現場で些細な何かがあったが、すでに解決済み」と伝わり、社長には「今日は、何も、変わったことはない」と伝わったことになってしまう──これではまるで「伝言ゲーム」(列の先頭から、耳打ちしながら伝言を伝えていく遊び)です。人を介するほど不確実性が増すようでは、権限を委譲することはできません。

・指示を出す側……「部下が動きやすいように、具体的かつ的確な指示を出す」
・指示を受ける側……「指示の内容を理解できるまで聞き直す。偽りのない報告をする」

上司と部下の間に「双方向のコミュニケーション」が成立しなければ、「仕事を任せる」こともむずかしいでしょう。

指示の内容がクリアになっているから部下は動けるわけですし、部下からの報告に偽りがないからこそ、上司は正しい判断ができるのです。

71　デキるリーダーは常に「いい任せ方」をしている

「判断のルール」をつくると部下の迷いが一切なくなる

🖋 仕事が「スムーズに進む」ルール

 ある団体から、私の秘書のもとに「出口CEOに講演をお願いしたい」という連絡があったとします。

 このとき秘書は、「講演をお引き受けするか、しないのか」を私にいちいち確認せずに、秘書自身の判断で決めています。私が秘書に「講演の対応」を任せているからです。

 「講演の対応」を任せるにあたっては、秘書が判断に迷わないように「ルール」を伝えています。秘書はルールに則って判断をすればいいので、間違いがありません。

【私の講演に関するルール・例】
・私のスケジュールは社内ネットワーク上に公開してあるので、だれでも、自由に確認・閲覧していい
・スケジュールが空いていれば、私の許可がなくても講演（のみならずどんな予定でも）を入れていい
・講演内容（テーマ）にはこだわらない。条件は原則として「聴講者10人以上」のみ
・いつ、どんな講演の予定を入れられても、私は「嫌だ」とは絶対に言わない
・ただし、金融庁から呼ばれたら、すべての予定をキャンセルし、金融庁を最優先にする（免許事業である保険会社にとって金融庁への対応はプライオリティが高いため）

このように、**ルールを明確にしておけば、任された側も迷わずに業務を進めることがで**きるでしょう。

73　デキるリーダーは常に「いい任せ方」をしている

ルールから「誤解の余地」を排除しよう

ライフネット生命の経営方針は、
「真っ正直に経営する」
「わかりやすくする」
「安くする」
「便利にする」
という4項目だけです。しかし、これらの言葉は抽象的なので、「どのように解釈していいのか」がわかりにくい面を持っています。そこで、経営方針を具体的に書き下ろしたのがマニフェストです（全24項目あります）。

マニフェストは、「ライフネット生命の憲法であり最高位のルール」です。たとえば、ライフネット生命は、社員の採用に関して、
「私たちの会社は、学歴フリー、年齢フリー、国籍フリーで人材を採用する」

と明示しています（マニフェスト 第1章 私たちの行動指針）。

当社の人事担当者が、60歳を超えた人でも採用できるのは、「年齢を聞く必要がない。何歳でも採用していい」ことがクリアになっているからです。

ですが、マニフェストに「高齢者でも採用する」とあいまいに書いてあったら、人事担当者は迷うでしょう。「はたして60歳は、高齢者なのか。高齢者とは、何歳以上のことをいうのか」がわからないからです。

おそらく担当者は「60歳が高齢者に含まれるのか、出口さんに聞いてみないとわからないな。勝手に採用してあとで怒られてはかなわない」と考え、私に確認しようとするはずです。でもこれでは、与えられた権限を発揮したことにはならないし、時間がムダになるだけです。

マニフェストが「具体的」であるからこそ、社員はマニフェストを行動の拠（よ）り所にできるのです。

ルールをつくるときは、あいまいさや、誤解の余地がないようにする。部下を迷わせないためにも、「ルールを具体的にしておく」ことが大切です。

75　デキるリーダーは常に「いい任せ方」をしている

報告・連絡・相談は「上司が部下に行う」もの

📖 ホウレンソウをしてくる部下はゴマすり部下

仕事を円滑に進めるためには、「ほうれんそう」を欠かしてはいけないと考えられています。

・上司からの指示や命令に対して、部下が経過や結果を「報告」する
・大切な情報があれば、関係者に「連絡」をして、共有する
・判断に迷ったときは、上司に「相談」する

「報告」「連絡」「相談」を略して「ほうれんそう」です。
「ほうれんそう」は、一般的に、「部下が上司に対して行うもの」だと説かれていますが、私は、**「上司こそ、部下に対して積極的に『ほうれんそう』をする」**ことをお勧めしています。

そもそも、部下にとって上司は「うっとうしい存在」です。うっとうしい上司に向かって、自発的に「ほうれんそう」をしたい部下がたくさんいるとは思えません。いたとしても、それは「ゴマすり」の可能性が高い気がします。

私が日本生命で企画セクションにいたとき、「いつも、走って『ほうれんそう』をしにくる若手社員」がいました。仮にAくんとしましょう。Aくんは私の直属ではなかったのですが、企画セクションは、他部門の若手社員に仕事を依頼することもありました。私が、自分の部下（Bくん）と飲みに行ったときのことです。

「どこどこ部のAくんという社員は、なかなか見どころがある。オレが仕事を頼むと、いつも走ってくる」

と言うと、Bくんは、

77　デキるリーダーは常に「いい任せ方」をしている

「出口さんは、なんでそんなにアホなんですか。彼がどうして走ってくるのかといえば、出口さんに気に入られたいからですよ。『きっと、このおっさんは偉くなるから、走ってくるんですよ。相手が出口さんだからであって、僕らが仕事を頼んでも、何もしてくれませんからね、Aくんは」

Bくんに指摘を受けてから、私はAくんの言動や行動をできるだけ注意深く、かつていねいに見るようになりました。たしかにAくんは「私にゴマをすっていた」のです。当時の私は愚かで、人を見る目が甘かったのだと思います。同時に、人はよほど気をつけないと「ゴマすりには勝てない」ということも学びました。

若い社員にしてみれば、上司はうっとうしい。そんなうっとうしい上司に「ご注進、ご注進」とすり寄って来る人間は、ゴマすりに違いありません。

そのことに気がつかず「あいつはなかなか可愛いヤツや。よしよし、言うことを聞いてやろう」と考えたとたん、正しい判断ができなくなります。

78

社内をぶらぶら歩いて〝部下の顔色をうかがう〟

部下とのコミュニケーションを円滑にしたいなら、「向こうから来るのを待つ」のではなく、こちらから現場に出向いていきましょう。

私は日頃から、ライフネット生命の**オフィスをぶらぶら歩き、社員たちの顔色を見ています**。元気そうに見える社員は、問題ありません。けれど、表情がすぐれない社員がいたら、まず「どうした？」とひと声かけるようにしています。そこから「ほうれんそう」が始まるのです。

部下をよく観察し、タイミングを見計らって声をかける。部下に対する「ほうれんそう」を習慣にすれば、部下の状況が把握しやすくなります。

「期限」と「優先順位」を ハッキリ伝える

☞ 的確な指示を出すための4つの条件

上司が部下に指示を出すときは、次の4つを明確に示すべきです。この4つを明らかにしてこそ、指示は的確に伝わるようになります。

【的確な指示を出すための4条件】
・条件①　「期限」を示す
・条件②　「優先順位」を示す
・条件③　「目的・背景」を示す

・条件④「レベル」を示す

条件①「期限」を示す

「いつまでにやらなければいけないのか」、それとも「ゆっくり時間をかけていい仕事なのか」、仕事の期限（時間）を示しましょう。「急いでやる仕事」なのか、それとも「ゆっくり時間をかけていい仕事なのか」を部下に理解させる必要があります。

ただし、人間は忘れっぽい動物なので、「この仕事は、いつまでにやってほしい」と期限を示したとしても、部下が忘れてしまうこともあります。ですから、途中で、進捗状況を確認したほうがいい。

たとえば、相手に与えた期間が1週間だとしたら、4日目あたりに「締め切りまで半分を過ぎたけど、順調に進んでいるよね」とフォロー（催促）を入れることが大切です。

一方で、任せた側も、「誰に、どんな仕事を任せたのか」を忘れてしまうことがありますから、手帳などに「誰に、何を頼んだか。締め切りはいつか。催促はいつするか」を書き込んでおきましょう（私はカレンダーに書き込んでいます）。

条件② 「優先順位」を示す

「期限」を示して（条件①）「いつまでに終わらせてほしい」と指示を出したとします。

ところが、部下がほかの仕事を抱えている場合は、仕事量が増えてしまい、期日を守れないことも考えられます。

そこで上司は、「任せた仕事」と「部下がすでに持っている仕事」を比べて、「これが1番、これが2番、これが3番……」と優先順位を示してあげる。**優先順位をつけて、「任せる仕事」の時間枠を取る**ことが大事です。

優先順位は「時間の順位」のほかに**「価値の順位」**も含まれます。価値とは、「与えた仕事の中で、もっとも重視する要素」のことです。

たとえばライフネット生命のウェブサイトをつくったときのことです。

私には、ウェブサイトの細かなつくり方はわかりません。当然、「わかる人」「つくれる人」に任せることになります。

私は、ウェブサイトの担当者を呼んで、「価値の順位」を伝えました。「ウェブサイトをつくるうえで、私が何を重視しているのか」を**「1番目から3番目」**まで、順位をつけて

82

示したのです。

・1番目　**使いやすさ（最優先）**
・2番目　わかりやすさ
・3番目　SEO（検索エンジン最適化）対策

仕事を任せるときに大切なのは、Aと、Bと、C
「このプロジェクトで大切なのは、Aと、Bと、C」
と指示を出す上司はたくさんいます。

でもこれは、価値を列挙しただけで、「明確な指示を出した」とはいえません。部下は、Aと、Bと、Cの「どれをいちばん大切にしたらいいのか」がわからず、迷ってしまうでしょう。私だったら、次のように指示を出します。

「このプロジェクトでは、Aと、Bと、Cを大切にしている。**もっとも優先すべきなのは、A。2番目はB。3番目はC。**判断に迷ったら、Aを最優先するように」

このように順位をつけて伝えておけば、担当者は迷いません（ただし、あまり細かく順位をつけると相手の自由度を奪うので、1番目から3番目までぐらいでよいと思います）。

仕事の「背景」と「要求レベル」をハッキリ伝える

☞ 「なぜ、その仕事をする?」「どのくらいのレベルを求めているか?」

条件③ 「目的・背景」を示す

たとえば、上司Aが「社内ベンチャー」に関するプレゼン資料を作成中だとします。

上司Aは、部下Bを呼んで「この部分のデータが足りないから、探してくるように」と指示を出すことにしました（任せ方のパターン②）。このとき上司Aは、「どんなデータが足りないのか」「どんなデータを見つけてほしいのか」といった部分的な説明とともに、プレゼンテーションに関する**全体像（目的と背景）**を部下Bに伝える必要があります。

「プレゼンの**目的**は何か」

「どういう資料をつくろうとしているのか」
「どこに提出する資料なのか」

上司は「わざわざ全体の話をしなくても、必要な部分（自分が求めているデータ）の説明だけで十分だろう」と考えがちですが、そんなことはありません。全体像がわかっていないと、部下Ｂは、適切なデータを見つけることができません。

前述した「任せ方の例」の②「仕事の一部分・パーツを任せる」（65ページ）ときでさえ、「目的と背景」（仕事の全体像）をしっかり示すべきです。

「社内を活性化するには、社内ベンチャーを積極的に興すことが必要だと考え、そのための資料をつくっている。〇月〇日の取締役会に、この資料を提出する予定だ。資料の中に、社内ベンチャーの収益性に関する統計を入れたい。そのためのデータを探してほしい」と全体像を説明しておく。すると、上司Ａが望んだ統計が見つからなかったとしても、

「それならば、代わりにこのデータはどうだろう？　社内ベンチャーの収益性の高さを証明できるのではないか」と部下Ｂは自分なりに判断し、動くことができます。

ですが、目的と背景を説明しておかないと、仕事の全貌（ぜんぼう）が伝わりません。部下Ｂは、言

デキるリーダーは常に「いい任せ方」をしている

われたことしかできなくなります。データが見つからなければ、「見つかりませんでした」と報告して終わり。「代わりのデータを探そう」という発想は持たないでしょう。

部下の創意工夫を引き出すためにも、「目的と背景」をきちんと伝えるべきです。

条件④ 「レベル」を示す

「完成品」を望んでいるのか「半製品」を望んでいるのか、**仕事のレベル（質のレベル）**を明確に示します。

たとえば、部長が課長に「スピーチの原稿を代わりに書かせる」場合に、「あとで自分でも手直しをするので、ひとまず下書きをしてほしい」（＝半製品）のか、「書いてもらった原稿をそのまま読む。手直しはしない」（＝完成品）のか、「求める仕事のレベル」によって、部下の対応も変わってくるはずです。

仕事を任せるときは、**「時間も、部下の能力も、有限である」**ことを忘れてはいけません。上司は、有限性の認識をきちんと持つこと。仕事を任せるときは、「時間を示し、優先順位を決めて、どの程度のレベルを求めているのか」をはっきりさせる必要があります。

的確な指示を出すための「4つ」の条件

1 「期限」を示す

期限（1週間）
催促 4日目
締切 7日目

2 「優先順位」を示す

優先① 優先② 優先③

3 「目的・背景」を示す

部分 → 全体

4 「レベル」を示す

完成品 or 半製品

仕事を任せるときは、「責任」も一緒に負わせてみよ！

権限と責任は裏と表

「権限の範囲がわかる」ということは、「誰が、どこまで責任を取るのか」がわかることと同義です。

権限と責任は表と裏の関係です。権限を定めれば、それに応じて責任の範囲も定まります。大きな権限を与えておきながら責任を求めないとしたら、権限が乱用されてしまう。反対に、責任ばかり押し付けて権限を与えなければ、部下の意欲は下がる一方でしょう。

部下に仕事を任せるときには、「**権限と責任を一致させる**」ことを忘れてはいけません。私は、任せる（権限を委譲する）とは、「責任を持たせること」と裏表です。

「部下を育てる基本は、責任を持たせること」だと考えています。

部下に「完成品レベル」の仕事を任せたとします。ところが部下の仕事が「完成品」に及ばなければ、部下に責任を取らせるべきです。つまり「やり直しをさせる」のです。

私から見て、部下の仕事の出来映えが、「50点」だったとします。このとき、「私が直接手を入れて、手直しをする」ほうが、早いかもしれません。

でも、それでは部下の能力は上がらないでしょう。部下の成長を望むなら、めいっぱい考えさせること。時間が許すかぎり、**何度も「やり直し」をさせるべき**です。

👉 「上司は部下よりも仕事に詳しい」は、嘘

日本生命で部長になったとき、私は部下に対して、

「相談は受け付けない」

「相談は、嫌や」

と公言していました。部下の管理を放棄しているわけではありません。私なりの考えが

あってのことです。どうして私は、部下の相談に乗らなかったのか。それは、「部下のほうが、**仕事の範囲が狭いからこそ、"深い"**」からです。

一般的に、「上司は部下よりも経験を積んでいるので、仕事に詳しい」と思われていますが、そうとはかぎりません。

部で受け持っている取引先が100社あり、部下が10人いたとします。すると部下は、一人につき「10社」受け持つ。部長は一人で「100社」を見ることになります。社員は「狭く、深く」、部長は「広く、浅く」取引先と関わることになるわけです。

当然、取引先について詳しく知っているのは、部長よりも部下です。部下から、

「どうして出口さんは、僕が困っているのに相談に乗ってくれないんですか？」

と泣きつかれても、私は100社と10社のロジックを持ち出して……、

「そんなもん、嫌や。おまえのほうが、その会社についてオレよりも詳しく知っているじゃないか。よく知らないヤツが、詳しく知っているヤツの相談に乗れるわけがない」

と、突き返していました。

部下の相談に乗っていい場合、悪い場合

ただ、まったく相談に乗らなかったわけではありません。

『自分は解決策としてA案とB案を考えた。A案のほうが最善策だと思うが、意見を聞かせてほしい』という相談なら、話は聞くよ。何の案も持たない相談が、オレは嫌や」

自分で考えもせずに「答えを聞きに来た部下」は相手にしません。事前に「案」を考えてきた部下にだけ、相談に乗っていました。

「仕事を任せる」ときは、

「与えた権限の中で、部下にめいっぱい考えさせること」

が必要です。安易に相談に乗ったり、すぐに答えを教えたり、すぐに上司が手直しをするようでは、部下を育てることはできません（もちろん、時間は有限なので、タイムリミットを設けておく必要はあります）。

権限を与えて任せた以上は、責任を取らせる。権限を与えた部下には「めいっぱい知恵を出させる」ことが肝要です。

部下のミスには
「問答無用で責任を取る」

☞ 上司は「結果責任」の見返りとして高給をもらう

　上司であれ、部下であれ、権限を与えられている者は、権限の範囲内で「責任」を負うことになります。そして、権限が大きくなるほど、責任も重くなります。

　上司は、「部下に仕事を任せる権限」を持っているのですから、部下が結果を出せなければ、最終的には「上司の責任」です。**部下の失敗は、上司の責任**になるのです。

　ビジネスの世界は「**結果責任**」です。理由はどうであれ、結果がともなわなければ、責任を取らなければなりません。

ところが日本の社会では、「結果責任」の概念が薄い気がします。

「結果は出なかったが、善意でやったことだから許そう」
「一所懸命頑張ったのだから、努力だけは認めてあげよう」
と考え、失敗をした社員にさえ、一定の評価を与えようとします。ですが、こうした風土が、組織を弱くするのです。

「結果責任」という言葉の意味は、とても重い。社長、部長、課長など、「長」のつくポストを任される社員は、**結果責任を負う見返りとして、高給（手当）をもらっている**と私は考えています。ですから、ベストを尽くした結果であろうが、尽くさなかった結果であろうが、

「結果が出なければ、責任を持つ」
のが上司の「宿命」です。会社の不祥事に「社長が辞める」のは特別なことではなく、グローバル企業では「当たり前のこと」にすぎません。

93　デキるリーダーは常に「いい任せ方」をしている

「自分は知らなかった」は通用しない

不祥事を起こしたとき、「部下が、いつの間にかやっていたことなので、自分は知らなかった」と責任逃れをする上司がいます。「自分は知らない」と言い切る上司は、秩序の感覚が乏しいのでしょう。

「**知っていようが、知っていまいが、自部門の責任を取る**」のが上司です。

「上司は、いかなる理由があろうとも、責任を取る」
「部下には、与えた権限の範囲内で責任を取らせるが、それ以上の責任は上司が取る」

上司が、出処進退（役職に留（とど）まることと、辞すること）をキレイにすれば、部下は上司を信頼するでしょうし、

「自分が失敗すると、上司に責任をかぶせてしまうことになる。そうならないように、結

果を出そう」

と、気を引き締めるはずです。

一方で上司も、「部下の仕事の責任は、最終的に自分（上司）にある」という秩序の感覚を持っていれば、**部下を把握しようとするはず**です。

「自分の知っていることで責任を取るのはいいけれど、知らないことで辞めさせられるのは嫌だ」

と思うのが人間心理だからです。ビジネスでは「自分は知らなかった」が通用しないわけですから、「部下のことをもっとよく知る」しか方法はありません。

刑法の世界は、故意や過失がなければ、責任を問うことはできません。しかし私は「刑法とビジネスは違う」と思います。

「故意や過失があろうとなかろうと、責任を取る」のが上司であり、「責任を取れる上司」がいるからこそ、組織は強くなるのです。

95　デキるリーダーは常に「いい任せ方」をしている

部下を忙しくさせるのが、上司の愛情

☞ 部下がサボるのは、上司が仕事を与えていないから

「人間は、アホである」
が私の持論です。

ようするに、自分一人でできることは「たかが知れている」わけです。どれほど賢い人でも、せいぜい「2～3人分の働き」しかできません。何度も繰り返し書いていますが、大きな仕事を成し遂げたいと思うのなら、「人に任せる」ことが得策です。

小さな食堂でも、一人で切り盛りをするのは大変です。注文を聞いて、お水を出して、料理をつくって、運んで、お皿を洗って……。繁盛店にしたいのなら、従業員を雇って、

96

仕事を分担するしかありません。

人間の能力は、それほど高くありません。一人でたくさんの仕事を抱えることはできないのです。優秀な上司でも「部下2〜3人分の仕事量」をこなすのが精一杯でしょう。だから上司は、自分で仕事を抱えようとせず、部下に仕事を任さなければなりません。

「人にしてもらう」のは、上司の仕事の基本です。

もし、「サボっている部下」がいたら、それは、「サボっている部下」が悪いのではなく、上司が悪い。なぜなら「仕事を与えていない（仕事を任せていない）」からです。「人にしてもらう」という上司の基本を忘れているからです。

仕事の途中に、何度もタバコを吸いに行く部下がいたとします。この部下がタバコを吸えるのは、「時間が余っている」からであり、「上司が、仕事を与えていない」からです。部下に、十分な仕事を与えていたら、タバコを吸う時間もないはずです。

「仕事を与え、部下を忙しく働かせる」のは、上司の務めです。

「忙しく働かせる」と、部下の不平不満を助長すると思われがちですが、私は「その逆」だと思います。

人間は「何もやることがない状態」を嫌います。フランスの哲学者・パスカルは、「退屈」について考察し、

「人間の不幸などというものは、どれも人間が部屋にじっとしていられないがために起こる。部屋でじっとしていればいいのに、そうできない。そのためにわざわざ自分で不幸を招いている」

と述べています。自分を不幸にしてまで部屋にじっとしていられないのは、「人間は、退屈に耐えられない」からです。

したがって、上司は、部下を退屈させないためにも、適度に仕事を与え、任せなければなりません。そうすれば仕事を与えられた部下は、

「オレは信頼されているから、仕事を与えられているんだ」

「上司が認めてくれているから、任されるんだ」

と意気に感じるはずです。

仕事を与えるのは、部下への愛情

仕事を与えすぎて部下を疲弊させてはいけませんが、それでも「仕事をまったく与えない」ことに比べたら、「少しくらい忙しくさせたほうが、部下は喜ぶ」と思います。退屈しないですむからです。

「仕事をしなくても給料をもらえるなんて、恵まれている」と考える人は、仕事をしたことがない人です。

たとえば、同僚たちは仕事を任されているのに、自分だけすることがない――一日中、何もせずにデスクに座っていなければならないとしたら、「恵まれている」どころか、苦痛でしかありません。

「**上司が仕事を与える**」のは、**愛情の裏返し**です。

部下が誰一人、退屈しないように、部下に仕事の楽しさを感じてもらうように、仕事をバランスよく与えていくのが上司の仕事です。

3章

「プレーイング・マネージャー」になってはいけない

部下の仕事が「60点」なら、"合格点を与えなければならない"

📖 プロ野球の監督が試合に出てはいけない

上司と部下の関係を、「マネージャー」と「プレーヤー」と呼ぶことがあります。

・マネージャー（上司）……部下に仕事を分配する（任せる）
・プレーヤー（部下）……任された業務を遂行する（任される）

マネージャーは、プレーヤーの代わりをしてはいけません。マネージャーの中には、プレーヤーから上がってきた仕事の出来を見て、「オレならもっと上手にできる」と思う人がいます。プレーヤーの仕事が「60点の出来」だった場合、

「オレだったら、80点以上の仕事ができる」と思いがちです。そして、「部下に任せると60点しか取れないから、今度は自分でやろう」「自分で手直しをして、80点以上に引き上げよう」とします。でも、それをしてはいけません。業務を遂行するのは、マネージャーの仕事ではないからです。プロ野球の監督が「オレがバッターボックスに立ったほうが、ホームランが増える」と言って全試合に出始めたら、チームの指揮は誰がとるのでしょう？

プレーヤーが「60点」取れているのなら、「合格点」を与えてもいいと思います。「60点では満足できないから、自分の力で80点以上にする」と考えてはいけません。マネージャーは、**60点で我慢する**度量を持つべきです。「オレだったら80点なのに……」と嘆きたい気持ちをグッとこらえ、残りの40点は「見て見ぬ振り」をするのです。

マネージャーの仕事は、自らもプレーヤーとして現場に出て「80点を取る」ことではありません。

部下が10人いるのなら、**まず10人全員が「毎回60点取れる」**ようにするのがマネージャーの役割です。

「部下全員に60点を取らせる」のが上司の務め

プレーヤーは**「60点」取れていれば、合格**です。ということは、マネージャーは、各プレーヤーが「60点以上」取れているかどうかを判断できなければなりません。

「60点未満」だとしたら、合格していないわけですから、60点まで引き上げる努力と工夫が必要です。

そして、部下が全員「60点をキープ」できるようになってから、次は全員が「65点」を取れるようにかさ上げしていけばいいのです。

日本の企業では、プレーヤーとして優秀だった人材（80点以上取れる人材）がマネージャーに昇格するのが一般的です。するとマネージャーは、部下の仕事にも80点以上を求めます。ですが、60点の部下全員を瞬時に80点に引き上げることは不可能です。

まずは、**60点未満の不合格をなくす**。そして、全員が60点を取れるようになったら、今度は「全員で65点を目指す」のが正しい成長のあり方です。

「部下全員に60点を取らせる」のが上司の務め

✕ 点数にバラつきがある

60点
（合格点）

◎ 全員が60点以上

60点
（合格点）

「プレーイング・マネージャー」を置いてはいけない

　日本の企業では、例えば「バツグンの営業成績を残した社員が、プレーヤーのまま長のポストに就く」ことが、よく見受けられます。現場に出て、営業の仕事は続けつつ、管理職になる。いわゆる「プレーイング・マネージャー（業務を受け持つ管理職）」です。

　ですが私は、このような登用のしかたに疑問を覚えています。社内に「**プレーイング・マネージャーは置くべきではない**」というのが、私の考え方です。

　「プレーヤーとしての能力」と「マネージャーとしての能力」はまったく違います。「プレーヤーとして優秀ならば、マネージャーとしても優秀なはずだ」との考え方は、錯覚です。

・プレーヤーとしての能力……自分の仕事をひたすら高めていく能力（80点取れるように努力する）

・マネージャーとしての能力……部下全員に合格点（60点）を取らせる能力（多少の不出来には目をつぶる）

プレーヤーとして自ら「80点」を取り続けながら、部下全員に「60点を取らせる」のは、とてもむずかしい。自分の業務に集中するあまり、結果的に部下の仕事が見えなくなります。繰り返しますが、人間の能力はそれほど高くないため、両立はむずかしいのです。

プレーヤーとしても優秀だった人が、マネージャーになっても優秀だったとしたら、それは、その社員が「プレーヤーとマネージャーは違う」と自覚し、
「プレーヤーとしての自分を捨て、マネージャーの能力を身に付けた」
「プレイング・マネージャーであることをやめ、マネージャーに専念した」
からです。

「そんなこと言われても、プレーヤーとしての仕事も会社に期待されている」というマネージャーがいるかもしれません。そんな人もせめては「部下の仕事については、60点で満足する」習慣を意識してやってみてください。

「仕事を抱えてしまう上司」の残念な共通点

🍀 「他人に任せられない人」には3つの特徴がある

　仕事を他人に任せられずに、「自分で抱えてしまう上司」がいます。自分で抱えてしまう上司には、次の3つの特徴が挙げられます。

【自分で抱えてしまう人の3つの特徴】
① 「人間の能力や使える時間は有限である」ことがわかっていない
② 部下の仕事が「60点」では納得できない
③ 判断のスピードが遅い

① **人間の能力や使える時間は有限である**ことがわかっていない

「人間は元来アホな動物であり、一人でできることには限界があります。だから、自分一人で何でもできると勘違いをします。どれほど**優秀な人でも、せいぜい「2～3人分の仕事」**しかこなせません。「自分の能力には限界がある」ことがわかっていれば、一人で抱えたりせずに、「誰かに任せよう」「協力してもらおう」と考えるはずです。

② **部下の仕事が「60点」では納得できない**

「自分だったら80点以上の仕事ができるのに、部下に任せると、60点しか取れない。だったら自分でやったほうがいい」と考える人は、世の中に対する洞察が欠けています。

人間の能力や、時間や、資源が無限にあるのなら、100点を目指してもいいでしょう。ですが実際は、能力も、時間も、資源も有限です。

有限である以上、完璧（かんぺき）な仕事などありえません。「60点取れていれば、合格」と割り切るべきです。「できている60点」ではなく、「できていない40点」ばかりを気にしているか

ら、仕事を任せることができないのです。ただし、60点で満足していたら組織の向上は望めません。まず全員の60点を確認したら、次は5点、10点と上げていくことが重要なのは言うまでもありません。

③ **判断のスピードが遅い**

一流のサッカー選手は、ボールが来た瞬間に（あるいは、ボールが来る前から）、ドリブルをするのか、シュートを打つのか、パスを出すのかを判断しています。ですが、そこで逡巡してしまうと、敵の選手に囲まれて、ボールを奪われてしまいます。

判断が遅れる原因の一つは、まわりの選手を信頼していないことでしょう。「パスを出す」という信頼していないから、まわりの選手に任せることができません。「パスを出す」という選択肢が後回しになって、「自分の力で局面を打開しよう」と考えてしまうのです。

部下を信頼していない上司は、「部下に任せる」という選択肢が後回しになります。「自分でやったほうがいい仕事ができる」と考え、いったんは自分で抱えるのですが、そのうち「自分でやろうと思ったけれど、時間が足りなくて、できない」と焦り出す。

慌てて部下に任せるものの、結果的には、時すでに遅し。「60点にも及ばない」状況に陥ってしまうのです。

一方、仕事ができる上司は、**「球離れ」がいい**。

ボール（仕事）が自分の部署に来たら、「この仕事は、誰に任せようか」「あいつなら得意そうだ」とすぐに判断して、仕事を任せることができます。

ビジネスが市場に与える影響力を上げるためには、スピードを速くする必要があります。

そのためにも、仕事は、できるだけ早く任せたほうが賢明なのです。

「必死に働く姿」を部下に見せているか？

部下を動かす3つの方法

上司が部下を信頼しても、部下がやる気を出してくれなければ、「60点」以下の仕事しかしてくれないかもしれません。

どうしたら部下はやる気を出してくれるのでしょうか？　どうしたら部下は自ら進んで「仕事を任せてほしい」と思うのでしょうか？

上司が部下を動かす（マネージャーがプレーヤーを動かす）方法は、次の3つに集約されると思います。

【部下を動かす3つの方法】

① 上司を好きにさせる
② 圧倒的な能力の違いを見せる
③ 必死に働いている姿を見せる

① 上司を好きにさせる

部下から「愛される上司」になることです。上司と部下の間で「男女の恋愛」のような関係を築くことができれば、部下は「好きな人のために、進んで働く」でしょう。

上司は、部下に愛されたら勝ちです。「上司が何も言わなくても、必死になって働いてくれる」ので、上司はラクができます。

ただし、人が人を好きになるのは、本能的なものなので、とてもむずかしい。なかなか思うようにはいかないでしょう。

上司にとっては、もっともラクができる反面、もっとも確率が低い方法でもあります。

② 圧倒的な能力の違いを見せる

113　「プレーイング・マネージャー」になってはいけない

上司の能力がケタ違いだと、部下は上司に従うしかありません。
「こんなにすごい上司には、かなわない。参りました」
「性格的には好きではないが、すごい能力を持っているから、言うことを聞くしかない」
と思わせることで、部下は動いてくれます。ですが、この方法もむずかしい。人間の能力は、上司も部下もそれほど変わらないからです。

③ 必死に働いている姿を見せる

この方法がもっとも現実的です。部下から愛されているわけでもなく、圧倒的な能力を持っているわけでもないなら、**「必死に働いている姿を見せる」**しかありません。そして、
「あの上司は、誰よりも一所懸命仕事をしている。いつも仕事のことを考えている。自分はあんなに仕事に打ち込んだことはない。あの上司にはかなわない」
と思わせることができたとき、部下は上司の言うことを聞くようになるものです。

もちろん「忙しくしているフリ」ではダメです。口では良いことを言っても、行動がともなっていなければ、部下に見透かされます。「建前は、絶対に部下に見破られる」と肝に銘じて、必死に働く必要があります。

部下を動かす「3つ」の方法

1 上司を好きにさせる

上司 ← ♥♥♥ 部下

2 圧倒的な能力の違いを見せる

上司　能力

部下　能力

3 必死に働いている姿を見せる

| 仕事 | 仕事以外の時間 |
上司の時間

| 仕事 | 仕事以外の時間 |
部下の時間

「攻め」が得意な部下には、「攻め」の仕事だけを任せる

☞ 「万能な人材」など存在しない

 かつて私は、投資顧問の仕事に携わったことがあります。アメリカで、投資顧問業界のあり方について調査をしているとき、「ファンドマネージャー（投資顧問会社の資産運用の担当者）」の育成に関して、とても興味深い話を聞きました。話をうかがったA社の社長は、
「どんな局面でも乗り切れるような、万能タイプのファンドマネージャーを育てるつもりはない」
という考え方を持っていたのです。

人には「向き、不向き」があります。攻めが得意な人は守りが苦手で、守りが得意な人は攻めが苦手。だとしたら、**攻めが得意な人は攻めを、守りが得意な人は守りを極めればいいのであって、**

「攻めが得意な人に守りを覚えさせたり、守りが得意な人に攻め方を教える必要はない」

と、A社の社長は言い切ったのです。

「三つ子の魂百まで」と言われるように、人の性格は、そう簡単には変わりません。弱気な人に「もっと強くなってこい」と修練を積ませても、時間をかけたわりには大きな変化は期待できません。だとしたら、**その人に「向いている仕事」を任せたほうが成果は望めます。**だから、

上げ相場のときには、強気のファンドマネージャーを起用する。
下げ相場のときには、弱気のファンドマネージャーを起用する。

一人のファンドマネージャーに、上げ相場も、下げ相場も任せるのではなく、2人を組み合わせながら、任せればいいわけです。

したがって、いまがどういう局面なのか（上げ相場なのか、下げ相場なのか）を察知し、局面に応じて「任せる担当者を変えていく」のが社長（上司）の仕事といえるでしょう。

人材配置は「損得」で考えて「実利」を得る

私は、A社の社長の言う「人には、向き・不向きがある」「部下の得意なことを任せる」という考え方に賛成です。

ところが日本の企業の人材育成は、「得意なことをどんどん伸ばす」よりも「不得意なことをなくす」ことに傾いている気がします。

たとえば、ハーバード大学のロースクールで法律を学んだ社員に向かって、

「地道な苦労もしたほうがいいから、地方に赴任して、営業を一から経験してこい」

「アメリカかぶれになっていないで、田舎の実情を見てこい」

「地べたを這いずり回って、もう一度上がってこい」

などと、不毛な精神論を振りかざしたりします。

グローバル化した企業であれば、このような人事はしません。この社員がすぐに成果を上げられる人事をするでしょう。

「キミ、まだ年齢は若いけれど、法律を専門的に勉強してきたのだから、法務部の次長に抜擢（ばってき）するよ。会社のコンプライアンス体制をつくってほしい」

と、実利や、損得を考えた人材配置をするはずです。

仕事を任せるときは「不得意なことではなく、得意なことを任せる」ほうが、実利が得られます。

そして、その人の不得意なところは、「強制的にできるようにさせる」のではなくて、ファンドマネージャーの例のように、**「別の人」をあてがって補えばいい**のです。

部下の短所は「ほうっておく」

　「長所」と「短所」はトレードオフ

「長所を伸ばして、短所をなくす」ことなど、「ありえない」と私は考えています。
長所や短所は、その人の「尖った部分」、すなわち「個性」です。「尖った部分」は、見方によって、長所にも、短所にもなります。たとえば「はっきりと自分の考えを言う」という長所は、見方を変えれば「協調性がない」という短所にもなるわけです。
長所も、短所も同じ「尖った部分」です。人はもともと、「尖った部分」を持っていて、三角形のように角張っています。ですが「尖った部分」があると、「チクチクして痛いやないか」という理由で、角を削り、丸くしようとする人がいます。とくに大企業では、形

が真円に近い人ほど「優秀な人」と見なされています。

ところが、丸くなればなるほど、個性が薄れていき、「物わかりがよくなって」しまいます。「尖った部分」を削って丸くした結果、「面積が小さくなってしまう」のです。

私が日本生命に入社したとき、「ハツラツとして、意見をガンガン言うカッコいい先輩」がたくさんいたのですが、10年も経つと、みな「人のいいおじさん」になっていました。短所がなくなると同時に、長所もなくなった（面積が小さくなった）からでしょう。人の意欲や能力は面積に比例します。ですから、上司は部下の「尖った部分」を削ろうとしないことです。

「長所を伸ばす」ことと「短所を直す」ことはトレードオフ（一方を追求すると、他方が犠牲になり、両立しない）の関係にあります。ですから、部下の**「尖った部分」は、「削るのではなく、そのまま残す」**こと。人は**「小さい丸より大きい三角形」**であるべきです。

☞ 石垣の隙間を埋める「小さな石」。これが上司だ

「尖った人」ばかりでは、「組織がまとまりにくいのでは？」と思われるかもしれません。

121　「プレーイング・マネージャー」になってはいけない

でも、「丸くしないで、尖ったまま人を使う」からこそ、組織は強くなるのです。

戦国時代の「石垣」に当てはめて考えてみると、その理由がわかりやすいと思います。

たとえば、大阪城（大坂城）。戦国時代は、石を削る技術も機械も発達していませんから、自然石を「加工せず、そのまま組み合わせて」石垣をつくっています。コンクリートもないので、石と石の隙間には「小さな石」を詰めて補強しています。形が違う石を使うので、組み合わせるのは大変です。でも、だからこそ、頑丈な石垣ができ上がったのです。

組織も同じことです。仕事は一人でするものではありません。チームでするものです。三角形でも四角形でも尖っていても、隙間ができてしまうのなら、「小さな石」を入れて、埋めたり、つないだりすればいい。その**「小さな石」こそ、上司（マネージャー）の役割**です。組み合わせたとき、**組み合わせることで強い石垣がつくれれば、それでよい**のです。

部下の個性を無理に変えようとするより、個性をそのまま活かし、特長を組み合わせながら仕事をする。みんなを丸くしたり、規格品のように同じ形に整えてしまうと、個性も、強さも、失われてしまうでしょう。

尖った部分を残したほうが、「強い組織」ができる

弱い組織 ＝面積が小さい

一人ひとりが「丸い」

強い組織 ＝面積が大きい

一人ひとりが「尖っている」

すきまを埋めるのが
上司（マネージャー）の役割

極論──「苦手は、克服しなくていい」

上司と部下の関係は、「任せ、任される」のが理想です。ですが、部下の中には、「仕事を任されたくない」と感じている人もいます。

人には、「得意・不得意」「向き・不向き」があります。また、すべての社員がマネージャーや管理職になるわけでも、それ以前に、なりたいわけでもありません。

人にはそれぞれ価値観があります。相手の価値観を無視して、上司の価値観を押し付けるのは、一種のパワハラ（パワーハラスメント）であり、イジメと同じです。

会社の業務の7～8割は、ルーチンワーク（決まりきった日常業務）と言ってもいいでしょう。単純な事務作業を、ミスなく、スピーディに行うのは大変な能力です。ルーチンワークにも重要な責任がかかっています。したがって、ルーチンワークをする人も、会社にとっては欠くことができない存在です。

ただし、「マネージャーレベルの責任の大きな仕事は任されたくない」「ルーチンワークで自分の力を発揮したい」と考えている人には、**マネージャーレベルの責任の大きな仕事**

を任せてはいけないのです。

「人には、得意・不得意がある」ことがわかっていない上司は、「苦手なものも、がんばって努力を続ければ、必ず克服できる」と考えがちです。ですが私は、この考え方に反対です。そして、みんなが「得意なもの」を伸ばしてチームをつくるのが、もっとも合理的です。

人は「得意なもの」を伸ばしていくべきです。

私は、日本生命時代に海外業務を経験していますが、それでも英語はそれほど得意ではありません。ですから、海外の案件の執行は、岩瀬に任せています。私がいまから英語の勉強に時間を費やすのは、CEOの役割を考えた場合、時間のムダでしかないと思うからです。

極論すれば、苦手は、克服しない。

苦手なものは、誰かに補ってもらう。誰かに教えてもらう。誰かに手伝ってもらう。チームは、そのためにあるのです。

125 「プレーイング・マネージャー」になってはいけない

会社に「サボる社員」が必要な事情

　「サボっている社員」がいる会社こそ、正常である

　私は、「部下がサボるのは、上司が悪い」と前述しました。上司は部下に仕事を任せて、忙しくさせるべきです。それが部下に対する愛情です。

　でも……残念なことに「サボる社員」を撲滅することはできません。集団が形成されると**「2割・6割・2割の割合で、3つのグループに分化される」**と一般に考えられています。いわゆる「2・6・2の法則」です。

① 上位2割‥高い収益や生産性を上げる優秀なグループ（一所懸命働くグループ／任され

たいグループ）
② 中位6割：上位とも下位ともいえない平均的な集団（普通に働くグループ）
③ 下位2割：実績や生産性が低いグループ（サボっているグループ／任されたくないグループ）

興味深いのは、上位2割がいなくなると、残った8割の中で変化が生じて、再び、「2・6・2」の割合で3つのグループに分かれることです。
同じように下位2割がいなくなっても、「2・6・2」の割合になります。下位グループがいなくなれば生産性が上がると思いがちですが、そうではありません。残りの8割の中から変化が生まれ、やはり下位グループが形成されます。
なぜ、必ず「2割の下位グループ」が存在するのでしょうか。その理由は、「緊急時や、不測の事態に対応するため」「余力を残しておくため」とする説があります。
不測の事態が起こって人手が足りなくなったとき、上位の社員を投入できるとはかぎりません。では、どこから人材を確保したらいいのでしょう？
「下位グループ」（サボっているグループ）なら、時間も体力も余っているので、適任です。

127　「プレーイング・マネージャー」になってはいけない

軍隊に「遊軍」(戦列の外にいて、いつでも出動できるように待機している軍隊)がある ように、会社にも遊軍が必要です。そして下位グループこそが、遊軍になりうるのです。
「2・6・2の法則」が正しいとしたら、「下位2割」が存在していてこそ、むしろ正常な集団と言えるのではないでしょうか。
「下位2割」の「仕事を任されたくないグループ」を何が何でも排除しようとする上司は、社会のしくみや構造がまったくわかっていません。

☞ 部下に「100％力を発揮してもらう」のは、間違いである

ライフネット生命の開業前に、日本生命時代の大先輩に食事をごちそうになったことがあります。「出口、おまえ、会社をつくるようだな。まぁ、がんばれ」と激励されたあと、私は、先輩から次のような質問を投げかけられました。
「ところでおまえ、社長になるための心構えを一つ言ってみろ」
私は、こう答えました。
「優秀な社員が集まったので、みんなに100％力を発揮してもらって、いい会社にした

いと思います」

すると、先輩はあきれた様子で……、

「おまえ、60歳にもなって、まだそんな子どもみたいなことを言っているのか。100の力で働いたら、1週間で疲れてしまうやないか、アホ」

と、私をたしなめました。

「人間って、普段は、30か40の力で働いているのだから、50で働けば十分や。だからはじめは、**みんなが50くらいで働いて、1年、2年と少しずつ時間をかけて、50を55に、55を60にしようと考えるのが経営者**や。いきなり社員に100％の力を発揮してもらおうって、そんなガキみたいなことを言ってはアカン」

いまの私なら、どうして先輩があきれたのか、よくわかります。当時の私は、人間と社会のリアルな関係を見きれていなかったのです。人間は、元来、怠け者です。そして社会は、「2・6・2の法則」でできています。そのことを受け入れたうえで、「では、誰に、どんな仕事を任せたらいいのか」を考えるのが、上司の仕事なのです。

「適材適所」は、口で言うほどやさしくない

☞ 人材配置は「部下の適性」と「周囲の状況」から判断

人に仕事を任せるとき、上司は、次の「2つ」を見極めなければなりません。

① **部下の適性**（向き・不向き、得意・不得意、尖っている部分）
② **周囲の状況**（いまが、どのような局面なのか）

① **部下の適性**（向き・不向き、得意・不得意、尖っている部分）

仕事を任せるときは、相手にふさわしい仕事を任せます。攻めが得意な人には攻めを、

130

守りが得意な人には守りを任せるのです。

上司は、部下の適性に合わせて、任せる仕事の「内容」や「任せ方」(部下の権限の範囲内で好きなようにやらせる／仕事の一部分・パーツを任せる／上司の仕事を代行させる……65ページ参照)を変えていく必要があります。

そのためには、部下の尖った部分がどこにあるのか、部下の得意・不得意は何なのかを深く知っていなければなりません。

② **周囲の状況**(いまが、どのような局面なのか)

前述した投資顧問会社のA社の社長が、2つのタイプのファンドマネージャーを組み合わせることができたのは、「上げ相場なのか、下げ相場なのか」を正しく判断できたからです。相場の状況を読み解けなければ、どのファンドマネージャーを抜擢すればいいのかわからなかったでしょう。

「適材適所」は、口で言うほどやさしいものではありません。なぜなら、上司が、

① 部下の適性（向き・不向き、得意・不得意、尖っている部分）
② 周囲の状況（いまが、どのような局面なのか）

を察する能力＝「洞察力」を持っていないと、実現できないからです。

上司に必要な「洞察力」を高める

洞察力を身につけたいなら、経験やインプットの蓄積が不可欠です。人間の脳は、とても良くできています。物事を考えるときも、頭の中にたくさんのインプットがあれば、類推しやすい。脳が引き出しから勝手にいろいろなものを選んできて、組み合わせてくれるからです。

たとえば、土地を評価するとき。「駅から徒歩15分で、大きな公園があるA町の土地」を評価するには、「似たような土地が、どこかになかったか」を思い出してみるのが手っ取り早い判断方法でしょう。

「そういえば、B町にも、同じような土地があったな。徒歩15分くらいで、公園もあって……。たしかあの土地は、坪100万円だったから、今回のA町の土地も、坪100万円

「そう、そう。C町にも、同じような土地があったのを思い出したぞ。10年前だったけど、たしか坪80万円くらいで売買したっけ。あれから2割くらいは上がっているから、いまなら100万円くらいか。なら、A町のこの土地も100万円なら妥当だな」

不動産業者は、たくさんの土地を知っているほど、つまりインプットが多いほど、評価しやすくなるわけです（インプットの増やし方は、136ページにて詳述します）。

いい判断をするための「ハウツー」はない

人間社会のおもしろいところは、「すべてに通じるハウツーはない」ことです。基本的なやり方はあったとしても、それがいかなる局面にも通用するわけではありません。**状況や関係性の中で、どれがいちばんいい方法なのか**」を考え、局面ごとに対応していくしかないのです。

ですから、「上手に任せられる人」になりたいのなら、ハウツーを知ること以上に、「人間と社会に対する洞察力を高める」

133　「プレーイング・マネージャー」になってはいけない

ことが重要です。
「社会はどのように成り立っているのか」
「自分が置かれた状況はどうなっているのか」
「状況を打開するために、自分にできることは何か」
「誰に、どのような任せ方をするのが最良なのか」
を考える力が必要なのです。

「適材適所」と口で言うのは簡単ですが、実際は、とてもむずかしい。会社の状況、社会の流れと変化、部下の適性などをすべて読んで、「最適な人材を、最適な場所に、最適なタイミングで配置」しなければならないからです。
要するに、人に会い、本を読み、旅を重ねて、人間とその社会に対する洞察力を高め、「人間」と「社会」の本質を読み取ることができなければ、適材適所はかなわないのです。

人材配置は「部下の適性」「周囲の状況」から判断

部下A　部下B　部下C

状況・局面

「□」の状況に適しているのは
「□」の適性を持つ部下A

1冊の古典は
ビジネス書10冊に勝る

☞ インプットの量を増やす——人・本・旅

インプットの量を増やすには、**「人から学ぶ」「本から学ぶ」「旅から学ぶ」**、この3つ以外にありません。

私自身を振り返ってみると、この3つの中では、「本」から得たインプットがもっとも多いと思います。「旅」も好きで、国でいえば50〜60カ国、1200〜1300の町を自分の足で歩いていますが、はじめて海外に行ったときも既に本からのインプットがあったので、「この場所、本に書いてあるとおりや」と既視感を覚えたくらいです。

アメリカのオバマ大統領に直接会って、話を聞きたいと考えたとします。飛行機のチケットを買ってワシントンに飛び、1カ月滞在して毎日ホワイトハウスに通ったとしても、オバマ大統領に会える確率は、限りなくゼロに近いでしょう。

しかし、リンカーンの話は、700円も出せば、ゆっくりと聞くことができます。「リンカーン演説集」を買って読めば、それで足りるからです。

読書は、人に会うことや旅に出ることに比べれば、費用対効果が著しく高いと思います。

本はどんなジャンルも読みますが、好んで読むのは**古典**です。大学時代に恩師から、

「古典を読んでわからなければ、自分がアホやと思いなさい。新著を読んでわからなければ、書いた人がアホやと思いなさい」

と教わったことをいまでも覚えています。

『方法序説』デカルト／岩波文庫
『アメリカのデモクラシー』アレクシス・トクヴィル／岩波文庫
『想像の共同体』ベネディクト・アンダーソン／書籍工房早山

137　「プレーイング・マネージャー」になってはいけない

『韓非子』韓非／岩波文庫
『ニコマコス倫理学』アリストテレス／岩波文庫

などの古典作品は、長い歴史の中で残ってきたものであって、市場の洗礼を十二分に受けています。その意味では、**「1冊の古典は、ビジネス書10冊に勝る」**かもしれません。

アリストテレスの『ニコマコス倫理学』を読むということは、アリストテレスの思考プロセスを追体験すること。すなわち、アリストテレスがみなさんのコーチとなり「思考のしかた」を教えてくれるということなのです。

歴史や小説も、学びになります。フィクションだからといって、あなどってはいけません。

歴史や小説には、狡賢(ずるがしこ)い人、冷徹な人、騙(だま)されやすい人など、さまざまな登場人物が描かれているからです。登場人物と部下を照らし合わせてみると、部下の適性を見極める参考になります。

「うちの部のAくんは、あの小説に登場した主人公に考え方が似ている。だとすれば、こ

ういう仕事が適任かもしれない」と類推できるでしょう。

 洞察力を磨くには、「人から学ぶ」「本から学ぶ」「旅から学ぶ」。チャンスがあれば進んで人に会い、薦められた本があれば、手に取ってみる。行きたい場所があるのなら、とにかく出かけてみることが大事です。そうして、インプットを重ねなければ、人間も社会も、その本質を理解することは適わないのではないでしょうか。

「アホな上司」ほど精神論を振りかざす

☞ 「鉄タイプ」の部下、「瓦タイプ」の部下

人間の特性は、大きく**「鉄タイプ」**と**「瓦タイプ」**に分かれると思います。

・鉄タイプ……仕事に負荷をかけるなど、叩いたほうが伸びるタイプ
・瓦タイプ……時間をかけながら、じっくり育てたほうが伸びるタイプ

「鉄タイプ」の部下は叩いて鍛え、「瓦タイプ」の部下は、時間をかけて少しずつ鍛えていきます。

上司は、部下が「鉄タイプ」なのか「瓦タイプ」なのかを見極めたうえで、仕事を任せるべきです。部下が「瓦タイプ」であることを見抜けずに、金槌で叩いてしまったらどうなるでしょう？　土くれとなり、役に立ちません。

鉄タイプの部下を鍛えるときは、**負荷をかける**のがいちばんです。
日本生命時代、部下に与えた負荷の一つが、「論文を書かせること」でした。
生命保険業界には『生命保険経営』という学術誌があります。この学術誌に、部下の論文を寄稿させていたのです。
『生命保険経営』は隔月刊で、5月、7月、11月、1月、3月に刊行されます。そこで、「5」「7」「11」「1」「3」と数字を書いたあみだくじをつくって、部下たちに引かせます。

「おっ、キミの数字は5か。だったら5月に論文を書くんや。テーマは自分で考えてええ。アイデアを持ってくれば、相談にも乗るよ」

なかには、「仕事が忙しいのに、どうして論文まで強制されなければいけないのか」と

不服そうな態度を取る部下もいます。

そんなとき私は、次のようなロジックで彼らを説得していました。

「業界誌だけど、生命保険会社がスポンサーになっているから、謝礼がもらえるぞ。お金が出るんやぞ。飲みに行けるんやぞ」

「しかも論文を書いたら、自分の勉強になるやないか。お金もらって、しかも賢くなって得やないか」

「もしキミの書いた論文が優秀賞に選ばれたら、人事の評価もよくなるぞ」

「お金も入って、賢くなって、評価も上がるんやぞ」

すると、難色を示していた部下も「なるほど！」と言って書きはじめるのです（笑）。

「オレが鍛えてやる」と口にするアホ上司

鉄タイプの部下を鍛えるには、金槌で叩いて強くして、「鋼」に変えていきます。叩くときは、負荷だけでなく、インセンティブ（やる気を起こさせるような報酬）を用意しておくことが大切です。本人が納得して、

142

「これは負荷がかかるけれど、自分のためになるから、やってみよう。やったらやっただけ自分にもプラスになるから、頑張ろう」
と思わせるしくみが必要です。

不毛な精神論を振りかざして部下を叩くのは、最低な鍛え方です。「交差点に一人で立たせて、人混みに向かって自己紹介」をさせたり、「100人と名刺交換するまで帰ってくるな」と強要するのは、パワハラそのものだと私は思います。

「必死に仕事に打ち込む」ことは、原則として、自発的であるべきです。

「オレが鍛えてやる」とか「オレの背中を見て育て」と口にする上司は、ただのアホです。

「背中に何が書いてあんねん。何も見えへんやないか」と言いたくなります（笑）。

山本五十六（いそろく）（海軍大将・元帥・連合艦隊司令長官）が残した名言、

「やってみせ、言って聞かせて、させてみて、褒めてやらねば、人は動かじ。
話し合い、耳を傾け、承認し、任せてやらねば、人は育たず。
やっている、姿を感謝で見守って、信頼せねば、人は実らず」

にあるように、相手を信頼し、任せるからこそ人は育ちます。合理的な根拠のない精神

論では、決して人は育たないのです。

☞ 「折れやすい部下」を鍛えるには?

瓦タイプの人材を鍛え、「割れにくい瓦」にするには、まず、「叩かない」こと。瓦は、強く叩いた瞬間に割れてしまいます。

それから、**「角を削らない」**こと。つまり、短所を直さないことです。日本の会社は、つるりとした角のない瓦を好みます。ですが、角を削ると、個性までなくなってしまいますから、短所をなくすのではなく、長所を伸ばします。

瓦タイプを鍛えるには、「得意なこと、向いていること」を任せる。ただし、簡単な仕事ばかり任せていては成長につながりません。少し背伸びするくらいの仕事、感覚的には、**部下の能力の1割増くらいの仕事を任せるのが理想**です。

鉄タイプと同じように大きな負荷をかけると割れてしまうので、「少しだけ高いレベルの仕事」を任せるとよいでしょう。

タイプに応じて鍛え方を変える

鉄タイプ ＝負荷をかけて、叩く

瓦タイプ ＝得意な部分を少しずつ伸ばす
（時間をかけて、じっくり育てる）

残業時間が自然と減る——
「部下の生産性が上がる」評価基準とは？

▶ 労働時間が長いのに、どうして生産性が低いのか

日本人の一人当たりの総労働時間数（2011年）は、「年間平均1728時間」です。イギリス（1625時間）、フランス（1482時間）、ドイツ（1413時間）と比べると、長時間働く国民であることは明らかです。一方で、日本の労働時間1時間当たりの生産性は、「41・6ドル」。アメリカ（60・2ドル）、フランス（57・7ドル）、ドイツ（55・8ドル）に及ばず、生産性が低いことがわかります（OECD調べ）。

長時間働いているのに、どうして生産性が低いのでしょう？

その理由として、**「残業による疲労の蓄積」**が考えられます。

日本の残業時間は、フランスの約3倍。疲労が蓄積した結果として、生産性が下がってしまったのです。スウェーデンのある学者の講義を受けたことがありますが、彼は、「短時間に集中して仕事に取り組んだほうが、労働生産性は向上する」と断言していました。

日本人は、「働けば働くほど、生産性が上がる」と考えがちです。しかしこの考えに科学的な根拠はありません。

なぜ、日本の企業には残業が多いのでしょう。おもな理由は2つです。

① 「長時間働く人は偉い」という間違った認識
② 上司の「マネジメント能力」の不足

① 「長時間働く人は偉い」という間違った認識

終身雇用＆年功序列体制の下では、「上司よりも先に帰ってはいけない」という空気感が醸成されやすい。「上司と一緒に遅くまで残る社員」「残業や休日出勤を嫌がらない社員」が評価されてしまうのです。

「若手社員は誰よりも早く会社に来て、誰よりも遅くまで会社に残るものだ」とする論調

147　「プレーイング・マネージャー」になってはいけない

は、誤った精神論だと私は思います（ときには、寝食を忘れて仕事に打ち込むことも大切ですが、それはあくまでも社員の自発的な行動の結果であるべきで、上司が権威を振りかざして押しつけるものではありません）。

② 上司の「マネジメント能力」の不足
「職場の要員が不足している」「一部の部下に仕事が偏っている」「無駄な会議が多い」などの理由で、労働時間が長くなっています。仕事を過不足なく割り振ったり、要員のバランスを維持するのは上司の役割です。それができないのは、上司のマネジメント能力が不足しているからでしょう。

☞ 「遅くまで残る部下」を評価していないか？

「評価基準を変える」

では、どうすれば「残業」を減らす（なくす）ことができるのでしょうか。

何よりも大事なのは、労働生産性の向上であって、残業時間は評価の対象

にならない」ことを明確にすべきでしょう。**労働時間から「労働生産性」に焦点を変える**のです。

ダラダラ働いても、成果は上がりません。あらゆる医学的所見が、「若い人であっても、長時間労働をすると、注意力や生産性が低下する」ことを明らかにしています。

有名なグーグルの「20％ルール」（勤務時間の20％は、自分のやりたいことをやってもよい）は、長時間労働による疲労を防ぎ、発想力や集中力を高める工夫の一つと言えます。

上司のマネジメント能力が不足しているのなら、「情報をシェアする会議は30分以内、何かを決める会議は1時間以内」「残業は原則的に禁止。上司の許可があった場合のみ、残業を行う」といった「社内ルール」を明文化して、「残業をしないしくみ」をつくることが大切です。

上司は、部下に「つきあい残業」を強いてはいけません。**上司が考えるべきは、「部下の労働生産性を高めるには、どうしたらいいか」**に尽きるのです。

149 「プレーイング・マネージャー」になってはいけない

統率力とは
「丁寧なコミュニケーション」のこと

🏁 リーダーの条件──「強い思い」「共感力」「統率力」

　ある役員が、社長から「新規プロジェクトを任された」とします。この役員は、本音をいえば、任されたくありませんでした。そして、こう考えた。
「なんだか大変そうなプロジェクトだ。正直、面倒だ。だけど社長の命令だから、断るわけにはいかない。しかたがないから適当にメンバーを集めて、適当にやっておくか……」
　おそらく、プロジェクトは失敗するでしょう。なぜなら、この役員は、「リーダーの条件」を満たしていないからです。この役員の下では、プロジェクトメンバーは力を発揮できま

せん。

私は、リーダーには、次の3つの条件が必要不可欠だと考えています。

【リーダーの条件】
・条件①　強い思い
・条件②　共感力
・条件③　統率力

条件①　強い思い

3つの条件の中で、真っ先に求められるのは、「自分は、これだけは何としてもやり遂げたい」という「強い思い」です。「志」と呼んでもいいでしょう。

私は、仕事をする以上、
「この世界をどのようなものとして理解し、どこを変えたいと思い、そのために自分にできること（自分のやりたいこと）は何か」

151　「プレーイング・マネージャー」になってはいけない

を認識して、志を持つべきだと考えています。

ですが世界は広いので、一人ですべてを変えることはできません。その世界の中で「自分がすべきことは何か」を考える必要があります。

もしも神様であれば、世界をすぐに変えてしまうことができるでしょう。世界経営計画のメインシステムを神様は担えるのです。しかしながら、人間にそれは無理です。ならば、自分のできる範囲で、自分に見えている世界をもっと良くしていきたいと考え、動くしかありません。人間の役割は、「世界経営計画のサブシステム」を担うことにあるのです。

「志を持って、自分にできることをやり抜く」ことが、人間が生きる意味であり、働く意味であり、会社をつくるすべてだと私は考えています。

条件② 共感力

何事かを成し遂げようと思っても、一人では何もできません。他人の助けを借りたり、仲間を集めて仕事を任せたりする必要があります。

他人の助けを借りるには、リーダーが自らの「強い思い」を吐露し、説明・説得して自分の考えに共感してもらわなければなりません。すなわち、リーダーの2つ目の条件は、

「共感力」を持つことです。

「ぜひ、力を貸してほしい。苦しいかもしれないが、このプロジェクトをやり遂げることができれば、こんなに大きな価値を生み出せると思う」

と**「なぜそれをやりたいと思うのか」「どうすれば実現できるのか」を部下に説明し、共感を得る能力**がリーダーには求められています。

「本当はこんなことやりたくないけど、社長に逆らうわけにはいかないし……」と、不平不満を口にするようでは、部下の共感を得ることはできません。

条件③　統率力

どんなプロジェクトでも、山あり谷ありは避けられません。「谷」の時期には、メンバーは元気を失います。ですから、何事が起ころうともへこたれずに、仲間を目的地まで引っ張っていく「統率力」が求められます。

「みんなを最後まで引っ張っていく」といっても、「つべこべ文句を言わず、黙ってついてこい」といった強権力では意味がありません。「統率力」は、むしろ「丁寧なコミュニケーション力」と言い換えることができます。

弱っているメンバーがいれば、「大丈夫か？」とか、「○○くん、2〜3日休むか」と気遣う。周囲の環境変化や各メンバーの置かれている状況を観察したうえで、メンバーに声をかける力が真の統率力なのです。

■ リーダーが知るべき「人間の本質」とは？

「思い」「共感力」「統率力」の3つがリーダーの必要条件です。とくに、「強い思い」を**持たない人は、リーダーになるべきではないと考えています。**

この3つの条件を身につけるには、「人間の本質を知る」ことです。

「人間はどういう動物で、どのように行動するのか」を理解しなければなりません。では、どうすれば、「人間の本質を知る」ことができるのでしょうか？

「人間の本質を知る」には、**たくさん人に会い、たくさん本を読み、たくさん旅をして、いろいろな人間と社会の事象を知る**（136ページ）ことに尽きると思います。

154

リーダーには「3つ」の条件が必要

1 強い思い（志）

リーダー

2 共感力

部下　部下　リーダー　部下　部下

3 統率力

部下　リーダー

4章

この上司力で「チームの実力」を一気に上げる

「新しいアイデア」は「他人の頭の中」にあった！

「若い世代に任せる」効用——ダイバーシティ

かなり昔の話ですが、作曲家の坂本龍一さんが、あるインタビューに答え、

「自分に、天分は何もない」

と、言い切っていたような記憶があります。

「自分の友だちには、音楽家や作曲家がたくさんいる。彼らには、才能もセンスもある。ひらめきも鋭い。けれど自分には、何一つない」

というのです。センスも、才能も、ひらめきもないとしたら、どのようにして曲を生み出しているのでしょう？

158

「頭の中から、昔聴いた音楽を引っ張り出して、**古い音符を組み合わせているだけ**」——子どものころから音楽が大好きで、24時間音楽に触れ、そのころからのインプットが曲づくりの源泉になっていたのです。

坂本龍一さんは、クラシックも、ジャズも、歌謡曲も、さまざまな音符を頭の中に取り入れた。そして、それらを組み合わせて、新しい表現を生み出しました。

ところが多くの人は、彼のようにたくさんの音符が頭の中に入っているわけではありません。組み合わせのパターンも少ないため、新しいアイデアが生まれません。

たくさんの音符を頭の中に入れるには、勉強が必要です。でも、人は、元来とても怠け者です。「仕事が終わったら、ピーター・ドラッカーの本を読もう」と思っていても、会社の同僚から「いつもの店に、すごく素敵なスタッフが新しく入ったらしいよ。今晩、飲みに行かない？」と誘われたら、私なら「行く、行く！」と返事をしてしまうでしょう（笑）。ドラッカーより素敵なスタッフのほうが、楽しいからです。

だからこそ、ダイバーシティが必要です。若者や女性など、**自分の頭の中にはない音符**を持っている人たちに**「仕事を任せたほうがいい」**のです。

「年功序列のおじさんたち」が集まった会社では、新しいアイデアは生まれにくいと思います。おじさんたちの頭の中にある音符は、どの人も似たり寄ったりだからです。

🎵「アホは、出口さんのほうです！」

２００９年夏のことです。私は２０代の社員から、こんな提案を受けました。

「インターネットでのＰＲ企画を考えているので、二子玉川へ行って、多摩川の河川敷に降りてください。するとそこに、『デイリーポータルＺ』（ウェブマガジン）のＨさんが、待ち受けています。出口さんには、３枚の紙皿に、１０００万円、２０００万円、３００万円と、死亡時の受取金額を書いてもらいます。そして、３つの紙皿を河川敷に置きます」

私は、この社員が何を考えているのか、さっぱりわかりませんでした。彼は続けます。

「紙皿には、金額を書いた紙といっしょに、３種類の豆を入れておきます。すると、ハトが飛んでくるでしょう？ そして、最初にどの紙皿の豆を食べるかで、Ｈさんが入る保険

を決めるんです。つまり、ハトが選んだ生命保険に申し込む、という企画です。出口さん、撮影に立ち会ってください！」

私は彼の話を聞いて「おまえは、アホか！」と声を上げました。

生命保険は免許事業であり、公共事業です。加入者の収入や家族構成などを考えて金額を決めるものです。「ハトに選ばせるとは、何ごとか！」と。

「ふざけるな。ライフネット生命のマニフェストをもう一度読んで、出直してこい！」

するとこの20代社員は、平然とこう言い返しました。

「アホは、出口さんのほうです！」

世代ごとに「違う音符」を持っている

「そんな発想しかできないから、60代はダメなんです。出口さんは僕のことをふざけているとか、アホだとか言いますけど、20代、30代がこの企画を見たら、こう考えるに決まっ

161　この上司力で「チームの実力」を一気に上げる

ています。『こんなことにチャレンジする生命保険会社は、すごい』って……。この企画を見て、『こんなふざけた生命保険会社には任せられない。解約しよう』と思う20代、30代は絶対にいません」

彼は「自信がなければ、こんな企画は提案しない」と力説します。そこで私は、彼の提案に乗ることにしました。「最悪、見た人の4割が罵詈雑言を吐いても、我慢すればいいだけのことだ」と腹をくくったのです。

結果は、どうだったか……。

大成功でした！

ライフネット生命を非難する書き込みはほとんど「ゼロ」だったのです。それどころか、好意的な書き込みをたくさんいただきました。

「暑さに耐えてよく頑張った。感動した！」

「大企業にはとても真似できないゲリラ的ＰＲ手法」

「すべてがパーフェクト！（笑）ちくしょう、ライフネットのことを調べたくなったじゃないか」

162

ライフネット生命のホームページへのアクセスも増え、たくさんのお申し込みをいただくことができたのです。

このとき痛感したのは、**60代に、20代、30代の考えは「わからない」**ということです。

「60代は、20代も30代も経験してきているので、下の世代の考えがわかる」と思いがちですが、そんなことはなかったのです。

私がいくら考えても「ハトに生命保険を選ばせる」という発想は出てきません。**私の中にある音符では、そのアイデアを紡ぎ出すことはできない**のです。

その後は、「PR効果があるのなら、若い社員の言う通りにする」と決め、「10万契約突破」を記念して「納豆を10万回混ぜて」みたり、タレントの「スギちゃん」のような格好をしたり、いろいろアホなことをやらされています（笑）。

ライフネット生命が「60代をターゲットにした会社」なのであれば、私のほうがいいアイデアが浮かんだでしょう。

けれど、20代、30代に訴求するのであれば、20代、30代の社員に任せたほうがいい。なぜなら、**世代ごとに「違う音符」を持っている**からです。

163　この上司力で「チームの実力」を一気に上げる

任せられるから、「できるようになる」

 任される側のメリット——「やる気」「成長」「責任感」

任せる側の効用は、ダイバーシティ。では、任される側（部下）のメリットは、何でしょうか？　私はおもに3つあると考えています。

【仕事を任される側のメリット】
① **存在価値が認められ、やる気が出る**
② **成長する（視野が広がる）**
③ **責任感が身につく**

① **存在価値が認められ、やる気が出る**

人間には、承認欲求（人に認められたいという感情）があります。人は、承認欲求が満たされると、やる気や楽しさを覚えて、元気になります。「仕事を任される」とは、言い換えると「上司から信頼されている、認められている、リスペクトされている」こと。だから、モチベーションが上がります。

部下の承認欲求を満たすには、「部下を肯定的に評価する」ことです。簡単にいえば、「褒める」ようにします。

仕事は「60点で合格」なのですから、「できなかった40点」には目をつぶる。「どうして100点が取れないんだ！」と叱りすぎると、部下は萎縮し、やる気を失います。

人は、「褒める」と「叱る」の割合が「3：1」でないと、ポジティブな気持ちを保てないと言われています。「ロサダの法則」といって、数学者マルシャル・ロサダが提唱する理論です。

優良会社では「6：1」の割合に、超優良会社では「9：1」の割合で部下（任せた相

この上司力で「チームの実力」を一気に上げる

手)を褒めているそうです。

「不出来な社員は褒められない」という上司がいますが、その発言は、理解が浅い。「廊下で会ったときににっこり笑う」とか、「やあ元気?」と声をかけるのも、褒めることの一つだと思います。ロサダの法則の本質的な意味は、一人ひとりをリスペクトすること。肯定的なシグナルを送ることです。

日本生命で国際業務部長だった頃、私が抱えていた部下の数は、全世界で約250名。私は海外駐在のすべての部下に対して、年に1回は、必ず顔を見に行っていました。たとえ部下が遠く離れた町に赴任していても、です。

電話やメールで「キミたちの活躍が会社の将来に役立つ」と伝えたところで、部下のやる気は引き出せません。部下をリスペクトするなら、世界のどこにいようと、最低でも1年に1回は顔を見に行き、直接、声をかけるべきだと思います。

② **成長する（視野が広がる）**

66ページでも説明しましたが、一段高い仕事にチャレンジすれば、視野が広がります。

「器が人をつくる」と言われているように、一段高いところに登らされると、「期待に応えようと頑張り、自然と成長していく」ものです。

「できるようになったから、任せる」のではありません、順番が逆です。

「任せるから、できるようになる」

わけです。同様に「少数精鋭」という言葉があります。この言葉は、「精鋭の人を少数集める」といった意味として使われることが多いようですが、私の考えは違います。「少数だから、精鋭にならざるを得ない」のです。

③ 責任感が身につく

ひとたび仕事を任されたら、権限に対応する責任を負うことになります。

部長から「1週間後の会議で、オレの代わりに〇〇〇について説明してほしい」と言われたら、責任を持って説明するしかありません。当日「準備できなかったから」との理由で休むわけにはいきません。

権限と責任はセットになっています。任された以上は、責任を持ってやり通すしかありません。**責任感とは「どんなときにも、ベストを尽くす」**ことなのです。

「好き嫌い」「怒り」——
感情を出しすぎてはいけない

● 感情を整えるには、体調を整える

　人間は感情の動物なので、喜怒哀楽が顔に出るのはしかたがありません。ですが、上司は、できるかぎり**「感情の起伏」を抑えたほうがいいと思います**。とくに「好き嫌い」と「怒り」は、表に出しすぎないようにしましょう。

　人間の脳は「好き嫌い」が激しく、自分の見たいものしか見ない、あるいは、見たいように事実を変換する働きがあるそうです。その結果、自分の趣味嗜好を仕事に持ち込んでしまったり、自分と「あうんの呼吸で仕事をできない人」を遠ざけようとします。

ところが、嫌いな人、自分とは合わない人を排除すると、**組織が同質化して、多様性（ダイバーシティ）が失われてしまう**ことになります。

会社は、営利を目的としています。たとえ部下の中に「あうんの呼吸で仕事ができない人」がいたとしても、会社の利益のために、その相手の話にきちんと耳を傾けなければなりません。

かくいう私は、好き嫌いの激しい人間です。それでも、「物事に対する先入観は持たない」ほうだと思います。仕事を任せる以上は、どんな部下に対しても心を開いて、「事実を事実として素直に見る」ように心がけています。

部下が私に「出口さんは、アホだ」と辛らつな言葉を浴びせてくるのも、「出口さんなら、何を言っても、きちんと話を聞いてくれる」「出口さんは好き嫌いで判断はしない」と部下が認識しているからではないでしょうか。

「怒り」も、極力、表には出さないようにすべきです。「ただそこに座っているだけでも、威圧感を与える」上司は人事権を持っていますし、

169　この上司力で「チームの実力」を一気に上げる

ことがあります。「ロサダの法則」が証明しているように、「怒られて喜ぶ人」はいません。

怒りの感情をコントロールするには、私の経験上、次の2つの方法が効果的です。

① **体調を整える**
……体調が悪いと精神状態も荒れやすいので、よく寝て、よく食べます。

② **深呼吸をする**
……相手から都合の悪いことを言われると、カッとなってすぐに言い返したくなります。そんなときは深呼吸をして「出かかった言葉を飲み込む」のです。深呼吸をすれば、その間に考えを整理できるので、感情的な発言をしないですむでしょう。

☞ どうしても「怒り」が抑えられないときは

何をしても怒りをコントロールできない人は、

「何を考えているのかが、わかりやすい人」
「感情がすぐに顔に出る人」

になるという奥の手もあります。日本生命時代の私は、このタイプでした。

当時の私は、部下から「楽勝な上司」と言われていました。なぜ楽勝なのかといえば、感情がすぐに顔に出るからです。

「出口さんは、怒っているか、笑っているかのどちらかしかない。だから、笑っているときに話しかければ、話が早い。怒っているときは、厄介な話は持ちかけない。だから楽勝なんです」

「感情の起伏」を抑えることができないのなら、いっそのこと感情をはっきり出す。「何を考えているのかが、わかりやすい上司」になれば部下も話しかけやすくなると思います。

👉 どんな部下でも「信頼したほうが得」

私は基本的に**「どんな部下でも、信頼したほうが得だ」**と考えています。部下がどんなタイプであれ「信頼するしかしょうがない」と割り切っています。

私は面倒なことが嫌いなので、「信頼するかどうかは、仕事のしかたを見てから決めよう」

「信頼を裏切られるのは嫌だから、しばらく様子を見よう」「こいつの忠誠度を試してみよう」なんて遠回しなことはしません。

「部下と一緒に仕事をするのなら、もう信頼したほうが得や。裏切られたとしたら、信頼したこっちが悪い。いちいちギブアンドテイクを計算するのもめんどくさい。端から部下を信頼して、ギブしてしまって、テイクがいくつか取れたら、それでええ。先に自分から信頼したら、相手の信頼も返ってくるだろう」

と考えているのです。

どんな部下でも、信頼する。どんな部下でも、使う。それが私のスタンスです。

よく「部下は上司を選べない」と言いますが、基本的には上司側も同じです。なかには「あいつをくれ」「あいつじゃなきゃ、この仕事は任せられない」と名指しして引き抜く部課長もいるかもしれませんが、私の場合は、前の会社にいるとき、一度も人事に要求をつけたことはありませんでした。

もちろん生身の人間ですから、どうしても好き嫌いをゼロにすることはできない相談かもしれません。それでも感情をコントロールしながら、分け隔てなく、平等に接する。**どんな部下でも使うのが、優れた上司**だと思います。

「感情のコントロール」も重要

1 常に感情が一定 ◎

2 感情のメリハリ （笑っているか、怒っているかがすぐわかる） △

3 感情の起伏が激しい ×

人材のリクルートは、「現場のチーム」に任せる

人事権が現場にあれば、チームワークがよくなる

ライフネット生命では、「チームワークがすべて」だと考えており、採用にあたっては、現場の意見を尊重しています。

たとえば、「生命保険会社で新契約の査定を3年以上行った経験がある方」という一定のスペックを持つ人材の中から一人を選ぶときには、**原則として「配属先のチーム」に選ばせるようにしています。**

私は、参考程度に「嘘偽りなく、信用できる人物かどうか」「陰日向のない人かどうか」などを見るだけ。人間的に問題がなければ、どの人を採用するかは現場判断に任せていま

す。

CEOやCOOが強い人事権を持っていると、「自分の好みに合う人」や「茶坊主」ばかりが集まってしまい、ダイバーシティを根付かせることはできません。ですので、採用は、CEOやCOOではなく**現場に任せる**のが基本です。いろいろな人が見たほうがいいのです。社員を採用するときは、現場に任せたほうが、チームワークが良くなると思います。

☞ 「自分とは正反対の人」を採用する

ベンチャー企業が、「これからダイバーシティを促進しよう！」と思うなら、

・「自分と正反対の人」
・「社内にはいないタイプの人」
・「異質な人」

を採用するのが近道です。

私が岩瀬とパートナーを組んでいるのも、彼が「正反対」だからです。私は60歳過ぎで、生命保険に詳しい。彼は30代で、生命保険のことを知りません。だから、補完し合えるのです。

20代が活躍するベンチャーなら、40代を入れてみる。男性だけの職場なら、女性を入れてみるのもいいと思います。

「自分とは正反対の人」は「グループ」で採用する

社内を早く、大きく活性化したいなら、「自分と正反対の人」「社内にはいないタイプの人」「異質な人」を**「グループ」**で採用したほうがいいでしょう。

一人だけでは、戦えません。既存社員に取り込まれてしまう可能性があります。

会社の規模にもよりますが、できれば、一度に4〜5人採用して**「異質な人の集団」**をつくるのです。

たとえば、新聞記事で読んだ話ですが、人材派遣会社の「テンプスタッフ」は、「異質な人の集団」の力で改革を断行した会社のようです。もともと、テンプスタッフの社員は女性のみ、でした。

創業者の篠原欣子さんは、「女性の集団は、守りは強いけど、攻めは弱い傾向にある」と感じ、1986年から男性社員を採用します。

やがて、既得権を守ろうとする女性社員と、改革を望む男性社員の間で、「戦争」が勃発。篠原さんのもとには、7名の男性社員から、「要求が受け入れられなければ、私たちは辞めます」と記された血判状が届けられたくらいだそうです。

結果的に改革は成功しました。これは、男性社員を「グループ」で採用し、戦える集団をつくったからです。もし一人だけ男性社員を採用していたら、その人がどんなに強い人であっても、改革につながることはなかったかもしれません。

177　この上司力で「チームの実力」を一気に上げる

5章

「時間を殖やす」「成果を殖やす」人材マネジメント

「知っている人」を知っている人は、任せ方がうまい

「人に聞く」ほうが効率的だった事例

私は、たくさんの本を読み、たくさん旅をして、たくさんの人に会っています。それでも、知らないことは、まだまだたくさんあります。

人間の能力も、時間も、有限です。有限である以上、一人の人間が「何もかもすべて知っている」ようにはなれないのです。

だとしたら、**「知っている人に、聞く」**のも、一つの方法ではないでしょうか。

自分にはわからないこと、自分にはできないことは**「わかる人、できる人」**に任せればいいのです。

以前、20代のメンバーで構成されているNPOから、「寄付をもらうためのアドバイスがほしい」との依頼がありました。私が手を貸すとなると、時間がかかります。ライフネット生命の開業準備で多忙を極めていたからです。

時間が無限にあるのなら、私でも力になれたでしょう。けれど、時間は有限です。だとしたら、「私ではなく、彼らの力になれる人材を見つけて、紹介したほうが早いのではないか」と私は考えた。そして、私の友人を紹介したのです。

「こんな若者たちがいるんだけど、おまえ、めっちゃ人脈広いじゃない。ちょっとアドバイスしてやってほしいんだけど」

すると友人は、

「会社を定年になったばかりで暇やし、喜んでいくわ」

と、快諾してくれました（彼のおかげで無事に寄付がもらえたそうです）。

私は、何もしていません。NPOと友人をつないだだけ、です。

でも私よりも寄付金集めが上手な友人に「任せた」ことで、間接的に役に立つことができたのです。

「友人の友人は友人」

ライフネット生命という社名は、「ライフネットの生命保険マニフェスト」とともに、日本を代表するコピーライターの一人、小野田隆雄さんの手によるものです。

そして、ライフネット生命のシンボルマークは、日本を代表するグラフィックデザイナー、松永真さんによるデザインです。

この2人が力を貸してくださったのは、「私が彼らのことを知っていたから」ではありません。

開業準備に追われていたとき、ライフネット生命の産みの親の谷家衛さんが、

「出口さんと岩瀬くんだけじゃ、とても広報までは手が回らないね」

と言って、Mさんという友人の女性を紹介してくれました。そして、Mさんが、

「会社のシンボルマークとタグライン（キャッチフレーズやスローガン）は私に任せてください」

というので、お願いすることにしたのです。

こうした経緯を経て、Mさんが話をまとめてくださったのが、小野田隆雄さんと松永真さんでした。

谷家さんに任せ、Mさんに任せ、小野田さんと松永さんに任せることで（もちろん、最終的な判断は私が行いましたが）、素晴らしい「社名」「シンボルマーク」「マニフェスト」ができ上がったのです。

私は「友人の友人は友人」と考えています。人の能力も、時間も有限なのですから、何もかも、「自分一人で、できる」と考えるのは、愚かなことです。人はそれほど、優秀ではありません。

「知っている人を知っている」のなら、その人に「任せてしまったほうがうまくいく」とのほうが多いのです。

「時間を殖やす」「成果を殖やす」人材マネジメント

餅は餅屋。
専門家に任せたほうがいい場合

グーグルを成功させた「思い切った任せ方」

「餅は餅屋」ということわざがあります。「餅は、餅屋がついたものがいちばんうまい。何ごとにも専門家がいるので、専門家に任せるのがいちばん良い」という意味です。

たとえば、グーグル。グーグルは、スタンフォード大学の博士課程に在籍していたラリー・ペイジとセルゲイ・ブリンによって創業されました。

ところが彼らは、ビジネスのアイデアは出せるけれど、マネージメントができなかった。

そこで、エリック・シュミットに経営を任せることにします。シュミットに任せたことで、2人は、「苦手なことはやらずに、得意なことに注力できるようになった」わけです。

ライフネット生命の場合なら、マーケティングの一切は、常務取締役の中田華寿子に任せています。彼女は、スターバックスコーヒージャパンや、ＧＡＢＡ（英会話）などでマーケティングとＰＲを担当したスペシャリストです。彼女に任せたことで、ライフネット生命のマーケティングは大きな成果を上げています。

ベンチャー企業の創設者の中には、「どうやって銀行と交渉していいのかわからない」「銀行交渉が苦手」と悩む人がいます。そんなときは、人材ビジネスのマーケットから中途採用で銀行員を見つけてくればいいのです。

時間が無限で、いつまでも歳を取らないのであれば、自分で銀行交渉を学ぶこともできます。けれど時間は有限です。苦手なことに費やしていたら、得意なことに割ける時間がなくなります。

経営は「スピードが命」です。不得意なこと、苦手なことを勉強しているうちに、置き去りにされてしまうでしょう。

⑯ 「スピードが速い」ほうが評価される

185 「時間を殖やす」「成果を殖やす」人材マネジメント

時代の変化を称して「ドッグイヤー」（犬は人間の約7倍の速さで成長することから、時代の移り変わりの速さをいう）といいますが、**変化する市場に影響力を与えるには、スピードを速くする**しかありません。衝撃力（影響力）は、質量とスピードの積です。物理の法則で考えてみましょう。

・衝撃力（影響力）＝質量×スピード

質量を人間の能力に置き換えたとします。能力が上がれば衝撃力は上がりますが、残念なことに、人間の能力は大差ありません。同じ能力のまま衝撃力を上げようと思うなら、「スピードを高めなければならない」のです。

2人の部下に同じ仕事を任せて、2人とも「同じ質」の仕事を上げてきたとします。ですが、スピードが違いました。一人は「任せた翌日」に仕上げ、一人は「1週間後」に仕上げてきたとしたら、どちらを評価しますか？　質が同じなら、「スピードが速いほう」が評価されるに決まっているでしょう。

「**質量が変わらないなら、スピードがすべて**」。不得意なことに時間をかけている場合で

186

はありません。自分に足りない能力があるのなら、「自分の不得意を補ってくれる人材」＝「専門家」を見つけ、任せる。自分は、得意なことに集中する……。仕事や経営のスピードを速めたいなら、**自分の不得意なことは専門家に任せ、自分の時間は「得意なことをやるために使う」**ことが最善だと思います。

あえて「素人に任せたほうがいい」場合もある

「餅は餅屋だから、専門家に任せたほうがいい」と説明しましたが、例外的に、「あえて、専門家ではない人材に任せたほうがいい」場合があります。それは、**「業界の常識に縛られたくないとき」**や**「消費者の目線が求められるとき」**です。

ライフネット生命の立ち上げの際、私が「若くて、生命保険を知らない人材」（＝岩瀬大輔）を求めたのも、まったく新しい独立系の生命保険会社をつくることが「消費者のメリットになる」と考えたからです。

私が勤めていた日本生命から、気心の知れた同僚を連れてくることもできたでしょう。

187　「時間を殖やす」「成果を殖やす」人材マネジメント

でもそれでは、生命保険の常識が邪魔をして、大きな飛躍は望めなかったと思います。

ライフネット生命では「医療保険の請求にかかる医師の診断書」が原則不要です。「診断書を廃止しよう」と提案したのは若手社員です。

2008年の春に、医療機関の領収書（明細書）に関する制度が変わりました。診察内容が細かく明記されるようになったため、領収書や明細書を見れば、検査名や診療報酬点数などがわかります。そのことを知った若手社員は、「こんなに詳しく診察の内容がわかるなら、わざわざ診断書をもらわなくたっていいのでは？」と考え、「診断書をなくしましょう」と言い出したのです。

ライフネット生命が生命保険業界のベテランOB、OGだけの集まりだったら、このような発想は生まれなかったでしょう。「医療保険は、医師の診断書があってはじめて支払われるのが常識」だと信じているからです。

簡易請求を実現し、医師の診断書の提出を原則不要にしたことで診断書の取得費用（相場として5000円から1万円程度）が不要となり、また、支払いまでの期間も大幅に短縮できるようになりました。「専門家ではない人」「業界の慣習に縛られない若い人」に任せた結果、消費者に寄り添うアイデアが実現したのです。

専門家に任せるとき、素人に任せるとき

専門家に任せるとき

求める結果 = 自分 + 専門家（自分の不得意部分）

素人に任せるとき

自分 + 素人 = 常識に縛られない新しい発想

「ほしい人材・情報」を
コストをかけずに集める法

● SNSは、こう活かす

「知っている人」を知らなかったり、専門家がどこにいるのかわからなければ、マーケットから買ってくる、あるいは見つけてくる。人材派遣会社に頼んでもいいですし、お金をかけたくなければ、フェイスブックやツイッターを利用してもいいでしょう。**SNSを使えば、コストをかけずに人材を探せます。**

たとえば、

「僕は30歳で、ベンチャー企業を興したところです。ウェブデザインやマーケティングに

は詳しいのですが、経理のことがまったくわかりません。なので、経理に詳しい人を探しています。どなたか、僕といっしょに働きませんか？　興味のある方は、メッセージください！」

と、ダメ元で公募してみればいいのです。

「自分がどのような状況に置かれているのか」
「どのくらいのタイムスパンの話なのか」
「何が足りなくて、何を求めているのか」

を明確にして、情報を発信します。たとえ人材が見つからなくても、コストはゼロなので、懐は痛みません。

興味があったら、ダメ元で聞いてみる。恥ずかしからずに聞いてみる。それくらいの「オープンな気持ち」を持つべきです。

「6次の隔たり」という仮説があります。

「自分の知り合いを6人介すると、世界中の人々と間接的な知り合いになることができる」という考え方です（インターネット社会となり、現在は、「4次の隔たりでつながっている」

191　「時間を殖やす」「成果を殖やす」人材マネジメント

ともいわれています)。つまり、オープンな気持ちを持って、どんどん人に聞いていけば、理論上は、必ず人材が見つかるわけです。

私のところに、神戸在住の高校生から1本のメッセージが届いたことがあります。この高校生は、ある講演会を聴講した際、登壇していた講師が「出口さんという、ものすごくおもしろいおじさんがいる」と話すのを聞いて、私に興味を持ったそうです。質疑応答の時間に彼は手を挙げ「僕も、出口さんのお話を聞いてみたいですが、どうすればいいですか?」と問うと、講師は「フェイスブックやツイッターを使えば、出口さんと連絡がとれるかもしれない」とアドバイスをしたようです。
そして彼は、本当にフェイスブックからメッセージをしてきたのです。
「僕は、神戸に住む高校生です。会ってお話をさせていただけませんか?」(私にメッセージを送った経緯が詳しく書いてありました)
私は彼に返信しました。
「1週間後に大阪に行く用事があります。30分だけならお話しできますが、大阪に来るこ

とはできますか？」

彼は、「興味があるなら、ダメ元で連絡をしてみる」というオープンな気持ちを持っていました。だから、2人は会うことができたのです。

オープンな気持ちを持つ。そして、
「自分がどのような状況に置かれているのか」
「どのくらいのタイムスパンの話なのか」
「何が足りなくて、何を求めているのか」
を正確に伝える。そうすれば、コストをかけなくても、「自分に必要な人」「任せてみたい人」がきっと見つかると思います。

自分の「コア・コンピタンス」は残し、それ以外はアウトソーシングする

「自前主義」では時代の変化についていけない

企業は、かつてのように「自前主義」(会社がみずから、業務にかかるすべての資源を所有すること)では成り立たなくなっています。

すべてを自前でまかなおうとすれば、コスト面でも、スピード面でも、社会の動きに追随しきれないからです。

したがって、アウトソーシングをして、業務の一部を他企業(外部の専門業者)に任せることも選択肢の一つです。

たとえば、アパレルメーカーが、「新しいセーターを売り出そう」と考えたとします。すると、これまでは「セーターを企画して、デザインを起こして、実際に編み込んでみて、完成品を売る」といったビジネスラインをすべて自前で行おうとしていたわけです。

しかし、自社で新しく設備を導入したり、人材を育成しようとすると、時間とコストがかかります。経営はスピードが命ですから、ぐずぐずしてはいられません。

だとすれば、「自社の苦手な部分」や「外注するとコスト削減が見込める部分」は、外部の専門業者に任せたほうがいい。

ビジネスラインを細かくわけて、餅は餅屋に任せる。不得意分野や未発達分野を外へ依頼すれば、自社の得意分野に特化して業務に集中できるでしょう。

◎ アウトソーシングの判断基準は「コスト」と……

アウトソーシングをするときは、「ビジネスラインの**どの部分を外部に任せるのか**」を判断する必要があります。

判断基準のひとつは、**「コスト」**です。自前で行うよりも、「コスト削減が見込めるのは

195　「時間を殖やす」「成果を殖やす」人材マネジメント

どこか」を考えます。「規模の経済」(まとめて生産することで、単位あたりのコストが下がる)を考えると、少量の生産をするために、大掛かりな開発投資、設備投資をするのは馬鹿げています。

もう一つは、「**コア・コンピタンス**」。

会社にとって「いちばん付加価値の高いところ」は、アウトソーシングしてはいけません。アパレルメーカーのコア・コンピタンスが商品の企画力にあるのなら、その部分は外部に任せてはいけません。

ものづくりの会社の場合、付加価値が高いのは、一般に、**ビジネスラインの「上流」と「下流」**といわれています。セーターの例でいえば、上流の「どのようなセーターを売り出すか」(商品企画)と、下流の「完成品を売る」(営業)は、価値が高い。一方で、「中流」のアセンブリ(つくる、組み立てる)は、それほど価値が高くありません。

したがって、自社がもっとも価値を提供できる部分(コア・コンピタンス)は残し、「自社の不得意分野」や、「価値を生み出せない部分」をアウトソーシングするのが基本的な考え方です。

自社の「コア・コンピタンス」はアウトソーシングしない

上流	コア・コンピタンス
商品企画	

中流	アウトソーシング
製造ライン	

下流	コア・コンピタンス
営業	

アウトソーシング先は「自社の社員」と同等に扱う

アウトソーシング先の選び方は、「コスト」のほかにも、「リスク管理」を重視することが大切です。もし、顧客情報などが流出したら、結果的に「本体の責任」になるため、**信頼できるかどうか、機密が守れるかどうか、情報漏洩の恐れはないか**を吟味してアウトソーシング先を選ばなくてはいけません。

私は、「アウトソーシング先は、社員と同じように扱うべき」だと考えています。

社員の採用試験に面接があるように、アウトソーシング先を決めるときも、先方の社長と、時間をかけて「面談」をする。そして、「信頼関係が築けるかどうか」を確認します。

ライフネット生命は、

「正直に経営を行い、わかりやすく、シンプルで安くて便利な商品・サービスの提供を追求する」

という創業理念（マニフェスト）を経営の柱としています。

だとすれば、アウトソーシング先の社長にも、われわれのマニフェストに共感してもら

う必要があります。先方の社長が「うちは正直さよりも儲けることが大事」と考えているのなら、たとえコストが安くても、一緒に仕事をすることは考えられません。

私なら、社員もアウトソーシング先も「理念を共有できる人を選ぶ」でしょう。突き詰めると、**アウトソーシング先と社員の違いは、「雇用形態」だけ**です。外で仕事をするか、中で仕事をするかの違いだけなのです。

上司は、新しく採用した社員を野放しにすることはありません。新入社員をよく見て、仕事の進捗状況を管理します。アウトソーシング先も社員と同じなのですから、ときには先方に出向いて、「任せた仕事がきちんと行われているのか」を確認すべきです。

本体の社員が一度も足を運んだことのないアウトソーシング先が、責任ある仕事をしてくれるとは思えません。「アウトソーシング先に仕事を任せる」ときも、マネジメントはしっかりする。必要に応じて監査をするなど、緊張関係を保つことも必要です。

相手が社員でも、アウトソーシング先でも、いずれにしろ、「自分一人だけでは決してできないこと」を実現するためには、「何を任せるか」、そして「いかに任せるか」がとても大切なのです。

おわりに

私が「管理者として今でもかなわない」と思う人がいます。

日本生命時代の元専務、森口昌司さんです。この人は、とにかくスケールが大きく、ゴルフと麻雀とお酒が大好きで、はちゃめちゃな上司でした（笑）。

日曜出勤を命じられて（なぜか決まって3名が命じられる）仕事をしていると、本人はどこかで居眠りをしています。午後6時になると起き出して「日曜日に仕事してもらって、悪いな。メシでもおごるよ。そうだぁ～、麻雀しながらでも飯食えるな。ちょうど4人だし」と言って、麻雀をしに行くわけです。休日出勤は言い訳で、端から麻雀が目的だったのかもしれません（笑）。

日中は、いつもうつらうつらしていましたが、反面、仕事はめちゃめちゃできる上司でした。とくに、「上司としての感覚」**（権限の感覚や秩序の感覚）**に長けていました。

「課長会」に出席した、"課長代理"が何かを発言したとします。すると森口さんは「それは、課長の意見か、おまえ個人の意見か、どっちや。課長の意見をきちんと聞いてくる

200

か、『おまえに一任する』という委任状がないかぎり、代理とは言わない。おまえ個人の意見なら、黙っていろ!」と一喝するのです（これは、権限の感覚として正しい）。

あるとき、私と森口さんが会議に出席しようとすると、他部署の上長から「出口クン、キミは出て行ってくれ」と命令されたことがあります。

すると森口さんは「この男が一番わかっている。出口は出ていかんでいい」と言ってくださいました。部下の仕事は上司よりも「狭く、深い」ことをわかっているからこその発言です。

ライフネット生命には、私と「親と子ぐらい歳が離れた社員」がたくさんいます。私が彼らに仕事を任せているのは、森口さんのように、「誰に、何を、どのように任せれば組織が動くのか」を柔軟に考えているからです。

もちろん私はまだ、森口さんの域には達していません。ライフネット生命を「100年後に世界一の保険会社」にするために、これからも**「性別、年齢、国籍を超えて、さまざまな人たちの意見に耳を傾けていこう」**と思っています。

60代の私ではカバーできない「多様性（ダイバーシティ）」を確保することでしか、グ

201　おわりに

ローバル社会に対応することはできないからです。

拙い本ですが、最後まで読んでいただいて本当にありがとうございました。また、本書の編集をしてくださった角川書店の間孝博さん、原稿をまとめていただいた藤吉豊さんには大変お世話になりました。ありがとうございます。読後感を、hal.deguchi.d@gmail.comまでお寄せいただけたら、とてもうれしいです。ブログも書いていますので、よかったらお読みください。

http://diamond.jp/category/s-deguchi_teigen 出口治明の提言：日本の優先順位
http://blogs.bizmakoto.jp/deguchiharuaki/ 出口治明の「旅と書評」

編集後記

取材担当／藤吉 豊

僕が「出口治明CEO」に納得感を覚えるのは、おもに「3つ」の理由からです。

① 「**国語ではなく算数で考える**」から

出口さんが、勉強会の参加者に向かって、次のような質問をされたことがあります。

「2013年の参議院選挙で、自民党は『圧勝した』『大勝した』『完勝した』と報じられました。では、圧勝、大勝、完勝とは、数字に置き換えると、どれくらいの数だと思いますか?」

圧勝も、大勝も、完勝も、過半数(50%)をゆうに超えて、見事な勝ちっぷりであることは間違いない、と想像できます。

ところが、出口さんが示した答えは、「18・2%」。意外と少ないと思いませんか? (僕

は思いました)

出口さんの説明によると、「棄権が多かったので、有権者全体に対する自民党の得票率は18・2%であり、ようは、5人に1人の支持を集めたにすぎない」とのこと。

自民党が議席数を伸ばしたのは事実でも、その表現のしかた（圧勝）と実数（18・2）の間には、隔たりを感じます。

出口さんは常々、「国語ではなく算数（数字）で考えようと心がけている」そうです。その理由は「国語で考えると、趣味や価値観を押し付けてしまう。でも数字なら、そうはならない」から。

たしかに、算数で考えると、あいまいさや主観が省かれていきます。「数字で考える」とは、ものごとを「具体的に考える」ことの要諦なのでしょう。

4日間の取材中、出口さんの発言がことごとく「具体的」で「本質的」であったのは、出口さんが「算数で考える人だから」だと、僕は思います。

② **知的体力**が備わっているから

文部科学省が実施した「体力・運動能力調査」では、高齢者の体力が増加の一途をたどっているそうです。とくに「調査がはじまった15年間で、65歳以上のお年寄りの体力テストの合計点は年々上昇。70代の男女で、最高点を更新」しました。

出口さんのことを「お年寄り」と呼ぶのは、さすがにはばかられますが、このニュースを聞いたとき、真っ先に思い浮かんだのは、出口さんでした（出口さんは現在65歳）。出口さんは、「健康管理の重要性は、いくら強調しても強調し過ぎることはない」とおっしゃっています。おそらくご自身も、健康には十分に留意しているのでしょう。

でも、出口さんが管理しているのは、肉体的な体力（健康）以上に、「知的体力」ではないでしょうか。

「旅」「本」「人」から学び、自ら考える。タテ思考とヨコ思考で、あるいは、数字とファクトとロジックで正しい結論をあぶり出す……。あれほど深く、長く考えられるのは、知的体力が身に付いている証拠だと思います。

③ **「言行の一致感が高い」**から

出版社に勤めていたときも、フリーランスになってからも、僕はこれまで「たくさんの

人」と接してきました。出口さん的に「算数」で考えてみると、仮に「週に1人」のペースで取材をしていたならば、月に4人、1年に48人。編集者になって22年3カ月経ったので、のべ1068人にインタビューをしたことになります。
 1068人の声を聞いた結果として、ライターとしての僕の立ち位置が、ようやくわかってきた気がします。僕がすべきことは、
「その人が『どんな行動を取り、どんな結果を残してきたか』に目を向けること」
です。「100の言葉より、一つの結果」。裏付け（結果）の乏しい発言は、もっともらしく聞こえても、どこか軽くて、空疎な感じがします。

「一つの結果」の中にこそ、その人の考え方や、価値観や、生き様や、好き嫌いや、目標や、ビジョンが集約されている気がしてなりません。だから僕は、その人の「結果」が見たい。では、出口さんの「結果」とは、何でしょうか。いうまでもなく、ライフネット生命です。
 なので僕は、本書のお仕事をいただいてすぐに、ライフネット生命の保険に加入してみました。出口さんがつくりあげた「結果」を見る（契約者となるプロセスを体感覚で学ぶ）

ことが、出口さんを知る近道だからです（実際に「就業不能保険」に加入しました）。

「自分に正直に、誰にでもきちんと説明できる理想の生命保険会社をつくりたい」という出口さんの考えは、ウェブサイトの端々に、過不足なく、そしてわかりやすく表現されていました。

僕はいま、2つの立場から出口さんを見ています。「編集者」として。そして、「保険の契約者」として。結論をいえば、どちらから見ても、出口さんは「同じ」でした。言ったら、やる。やるから、揺るぎない。言行の一致感がとても高い。

実体も、実態もともなっているから、出口さんの話は、聞き手の「腑に落ちる」のだと思います。

〈了〉

編集協力／藤吉豊（クロロス）
図版作成／斎藤充（クロロス）
装丁／萩原弦一郎・橋本雪（デジカル）

出口治明（でぐち　はるあき）
1948年、三重県生まれ。立命館アジア太平洋大学（APU）学長。ライフネット生命創業者。
京都大学法学部を卒業後、1972年、日本生命保険相互会社入社。企画部や財務企画部にて経営企画を担当。生命保険協会の初代財務企画専門委員会委員長として、金融制度改革・保険業法の改正に従事。ロンドン現地法人社長、国際業務部長などを経て同社を退職。その後、東京大学総長室アドバイザー、早稲田大学大学院講師などを務める。2006年にネットライフ企画株式会社設立（のちのライフネット生命保険株式会社）、代表取締役社長に就任。ライフネット生命保険を2008年5月に開業し、2012年3月15日に東証マザーズ上場。2018年1月より現職。
連絡先：hal.deguchi.d@gmail.com
ツイッター：@p_hal

部下を持ったら必ず読む「任せ方」の教科書
「プレーイング・マネージャー」になってはいけない

2013年11月22日　初版発行
2022年10月20日　16版発行

著者／出口治明

発行者／青柳昌行

発行／株式会社KADOKAWA
〒102-8177　東京都千代田区富士見2-13-3
電話　0570-002-301（ナビダイヤル）

印刷所／図書印刷株式会社

製本所／図書印刷株式会社

本書の無断複製（コピー、スキャン、デジタル化等）
並びに無断複製物の譲渡及び配信は、
著作権法上での例外を除き禁じられています。
また、本書を代行業者などの第三者に依頼して複製する行為は、
たとえ個人や家庭内での利用であっても一切認められておりません。

●お問い合わせ
https://www.kadokawa.co.jp/　（「お問い合わせ」へお進みください）
※内容によっては、お答えできない場合があります。
※サポートは日本国内のみとさせていただきます。
※Japanese text only

定価はカバーに表示してあります。

©Haruaki Deguchi 2013　Printed in Japan
ISBN 978-4-04-110617-4　C0030